植西 聰
UENISHI Akira

くじけない心《こころ》のつくりかた

版

まえがき

「くじけやすい」人は、必ずしも、不真面目な人ではありません。

「心が弱い」人でもありません。

むしろ、まじめな、がんばり屋さんがほとんどです。

ただ、「くじけないコツ」を知らないだけなのです。

ちょっとしたコツをつかめば、「くじけない人」に生まれ変わることができます。

詳細は本文でお話ししますが、まずはここで「くじけないためにもっとも大切な三つのコツ」をご紹介しましょう。

一つめは、「心を立て直す方法を知っておく」ということです。

人ならば誰でも、落ち込むことがあります。しかし、落ち込んだままでは辛さは増すばかりです。上手に立ち直る方法を知っておけば、くじけそうになっても立ち直ることができます。

二つめは、「失敗することを怖れない」ということです。

「怖れ」という感情は、気持ちをくじけさせてしまう大きな原因です。ですから、なるべく楽天的に考え、楽天的に生きていくよう心がけることが大切です。

三つめは、「工夫して困難を乗り越えていくことを楽しむ」ということです。

「ああイヤだ」「堪《た》えられない」というネガティブな感情が、心をくじけさせてしまいます。たとえ、うまくいかない状況にあっても、それを打開するためにいろいろと工夫することを「楽しむ」という意識を持つことが大切です。

幸せで充実した人生を送るには、くじけて動けなくなってしまう時間が少ないに越したことはありません。

本書では、どうすれば「くじけない心」をつくることができるかについて、様々な視点からアドバイスしています。ぜひ、活用してください。

著者

CONTENTS

第2章 「反発心」を持つ

CONTENTS

第3章 「工夫する心」を忘れない

第4章 楽天的なくらい「前向き」でいる

CONTENTS

第5章 「今日の目標」を決め、行動する

第6章 「自分の良さ」に目を向ける

CONTENTS

第7章 日々の心がけで「くじけない心」をつくる

第8章 「立ち直る力」を身につける

CONTENTS

第9章 「今」に集中して自分を生きる

第1章

くじけやすい「心のくせ」を外す

1

途中でくじけないために「強い願望」を持つ

「仕事でも、趣味でも、勉強でも、何をやっても途中で気持ちがくじけてしまう。何事も中途半端で終わってしまう」と言う人がいます。

「中途半端になる」ことが、その人の習慣になっているのです。

もちろん、本人は、そのような「中途半端な習慣」を変えたいと思っています。くじけることなく、最後まで物事をやり通す人間になりたいと考えています。

イギリスの思想家であるバーナード・マンデヴィルは、「人間の強い習慣を変えるものは、一層強い願望のみである（意訳）」と述べました。

「こういうことを成し遂げたい」という、自分ならではの強い願望を持つのです。

できれば、その願望は、自分の利己的な欲を叶えるものではなく、世の中に大いに貢献できるもののほうがいいでしょう。

つまり、自分が「こうしたい」と思っていることを実現することが、世の中の人たちのために大いに役立つ、というものであるのが望ましいのです。

なぜなら、そういう形のほうが、より一層強い願望になるからです。

そして、そのような強い願望を持つと、辛い試練に見舞われるようなことがあっても、「願望を実現するために、こんなことで負けてはいられない」という強い精神力が働くようになります。

その結果、「くじけない人間」に生まれ変われるのです。

POINT

「こういうことを成し遂げたい」という願望を持ってみる。

2 初心に返って「したかったこと」をやってみる

「子供の頃には『こういうことをしたい』という願望があった。しかし、年齢を重ねるにつれて、『こういうことをしたい』というものがなくなってきた」と言う人がいます。

そのようになる原因の一つは、マンネリでしょう。

毎日同じようなことをして過ごしているうちに、そんな日々に慣れてしまって、あえて「私は、こういうことをしたい」と自己主張したり、あるいは、そのために行動に出る意欲が薄らいだりしてしまうのです。

そして、気づいた時には、毎日、ただ惰性《だせい》に流されて生きている、という状態になっているのです。

このようなマンネリ感も、気持ちがくじけやすくなる大きな原因の一つです。マンネリになると、安定することでぬるま湯につかったような状況になり、ちょっと嫌なことがあっただけで、やる気を失ってしまいがちになります。

こういう時には、「初心に返る」ことが大切です。

子供の頃のことを、思い出してみましょう。

そして、この時に抱いていた「こういうことをしたい」という願望を思い出したら、その願望に向かって再チャレンジしてもいいでしょう。

あるいは、年齢を重ねるにしたがって立場や状況も変わっていくと思いますから、現在の自分に合わせてまた新しく「こういうことをしたい」という願望をつくり直してみてもいいでしょう。

そうすることで、がんばっていく意欲や、また喜びがよみがえってきます。

その結果、「くじけない心」を取り戻すことができるのです。

POINT

マンネリに陥ったら、昔の願望を思い出す。

3 願望を持ってチャレンジしていく「喜びと楽しさ」を実感する

人は、若い頃は、何事にも積極的です。

自分から積極的に「やりたいこと」を提案し、それを実現するために意欲的に行動します。

多少辛いことがあっても、それを乗り越えていく元気があります。

ところが、年齢を重ねるうちに、そんな積極性を失っていく人も多いようです。

また、気持ちがくじけやすくなっていきます。

その原因の一つに、「失敗経験」があります。

人生は、失敗の連続です。

たとえば、会社で「やりたいこと」を提案しても上司に却下されてしまう、何度提案しても採用してもらえない、もしくは、採用されたとしてもなかなかうまくいかない、などといった経験です。

こうした経験を重ねていくうちに、「私は何をやってもダメなんだ」という意識に強くとらわれ、積極性や意欲を失ってしまうのです。

そうなると、ただ惰性に流されるような生き方をしてしまうようになります。

そんな状態から抜け出すには、強い願望を持って、それにチャレンジしていく喜びと楽しさを再確認することが大切です。

何か趣味を始めてみる、ということでもいいのです。音楽やスポーツを始めてみてもいいでしょう。旅行へ行くのもいいでしょう。

趣味や音楽、スポーツや旅行を通して、「願望を持ってチャレンジしていく喜びと楽しさ」を実感することによって、仕事への積極心も生まれてきます。

POINT

どんなことでもいいから、新しいことにチャレンジしてみる。

4

生きることを楽しむ「意欲」を高める

仏教に、「チャンダ」という言葉があります。

これはパーリ語（スリランカなど、初期仏教が信仰されている国で用いられる言語）ですが、日本語では「意欲」という意味になります。

仏教では、この「チャンダ」、つまり「意欲」が高まれば、「身《しん》、口《く》、意《い》」に現れると説きます。

意欲が高まれば、行動が積極的になります。

意欲が高まれば、積極的に発言するようになります。

意欲が高まれば、意思の力が強くなります。

意欲が高まれば、願望実現のために積極的に行動するようになります。

たとえば、「私は、こういうことがしたい」ということを、周囲に向かって積極的に発言するようになります。

そして、強い意思で、くじけることなく、目の前の困難を乗り越えていけるようになるのです。

では、どのようにして、その「チャンダ」、つまり「意欲」を高めていけばいいのかと言うと、もっとも大切なことは「生きることを楽しむ」ことです。趣味やスポーツ、音楽や旅行、また友人関係などを楽しむ、という意識を持ったり、読書することや映画を見ること、音楽を聴くことを、思う存分楽しんだりするということです。

「生きていることが楽しい」と実感できれば、「仕事もまた楽しみたい」という気持ちが強まってきます。人生全体を楽しむと決めることで、何事に対しても「意欲」が高まっていくのです。

POINT

「人生を楽しもう」という意識を持って日々を過ごす。

5 「才能がない」と言われても、くじける必要はない

総合エンターテイメント会社ウォルト・ディズニー・カンパニーの創業者、ウォルト・ディズニーは、アニメーターであり、映画プロデューサーでもあった人物です。

彼は若い頃から、「人々を楽しませたい。喜びを与えたい」という、意欲的な願望を持っていました。

そして、その願望を叶えるために、まず、新聞社で仕事をします。

新聞に掲載されるマンガを描く仕事です。

マンガで、人々を楽しませたい、喜ばせたい、と考えたのです。

ところが、新聞社の担当者から、「あなたには、画期的な創造性がない。アイディアも平凡だ」と言われ、クビになってしまいました。

つまり、「才能がない」と言われたのです。

彼は相当ショックを受けたはずです。

しかし、くじけることはありませんでした。

その後、彼はマンガを描くのではなく、それを映像化するアニメーターへと転身し、大成功をおさめます。

彼が、どうして、新聞社をクビになってもくじけることなく、その後の成功をおさめることができたのかと言えば、それは一貫して「人々を楽しませたい、喜ばせたい」という強く、意欲的な願望があったからだと思います。

どのような成功者であれ、駆け出しの頃には、多かれ少なかれ、失敗したり、挫折を味わったりするものです。

言い換えれば、そんな失敗や挫折を乗り越えることができたから成功したのです。

そして、その失敗や挫折を乗り越える原動力となったものが、「意欲的な願望」だったと言えるでしょう。

POINT

「才能」がなくても、くじけなければ成功できる。

6 大切なのは才能ではなく「粘り強さ」

アメリカの第30代大統領だったカルビン・クーリッジは、「この世に、粘り強さに勝《すぐ》るものはない。才能があっても成功できなかった例は、いくらでもある。報われない天才という言葉は、すでに決まり文句になっている（意訳）」と述べました。

誰かから、「あなたは才能はない」と言われて心がくじけそうになった、という経験を持つ人もいるかもしれません。

また、自分自身で「私には才能がない」ということに思い当たって、やはり気持ちがくじけてしまった、という人もいるかもしれません。

しかし、クーリッジは「才能など関係ない」と言っています。

「才能がなくても、粘り強くがんばっていれば、必ず大きなことを成し遂げることができる」のです。

何事であっても、大切なのは「粘り強さ」だということです。

実際に、「天才」と呼ばれるほど才能がある人であっても、まったく「報われない」まま終わってしまう人もいます。

才能はあっても、粘り強さがなかったのでしょう。

この「粘り強さ」は何から生まれてくるのかと言えば、それは「強い願望」です。

「私は、こういうことがしたい」という強い願望があれば、才能がなくても、粘り強くがんばっていくことができます。

その結果、その願望を実現することができるのです。

POINT

粘り強さは願望から生まれる。

7 何度、挫折しても「強い願望」を手放さない

アメリカの歴代大統領の中でもっとも人気がある人物の一人は、第16代大統領だったエイブラハム・リンカーンだと言われています。

「人民の、人民による、人民のための政治」という演説で有名な大統領です。

しかし、今でこそ「もっとも偉大な大統領の一人」と言われているリンカーンも、挫折を何度も経験してきました。

大統領になる前、彼は二十代で雑貨店の経営を始めましたが、うまくいかずに結局、店を手放すこととなりました。

ならばと、これを機に政治の世界を志し、州議会議員に立候補しますが、落選。

その後、州議会議員になれたものの議会議長に立候補しては落選し、大統領選挙に

立候補しては落選し、下院議員選挙にも、上院議員選挙にも、副大統領選挙にも落選と、落選の連続だったと言われています。

しかし、リンカーンは、何度落選を経験しても、決してくじけることはありませんでした。

それは、「人民の、人民による、人民のための政治」という演説からもわかるように、リンカーンに、「アメリカに民主主義を根づかせたい」という強い願望があったからだと思います。

強い願望があったからこそ、くじけることなく、粘り強く、何度もチャレンジし続けることができたのでしょう。

願望を手放さなかったため、リンカーンを成功に導いたのです。

POINT

「強い願望」を手放さない限り、成功のチャンスはある。

8

悪い思い込みを「成長型マインドセット」に変える

「こんなことをしてみたい」という願望があっても、「どうせ私には無理だろう」とあきらめてしまう人がいます。

願望を実現することに向かって行動を開始する前から、心がくじけてしまっているのです。

このようなタイプの人は、心理学でいう「停滞型マインドセット」という、悪い思い込みにがんじがらめになっている可能性があります。

「マインドセット」とは、心理学の言葉で、「習慣化した思考」という意味を表します。

わかりやすく言えば「思い込み」ということです。

この「マインドセット」には、良いものと悪いものがあります。「停滞型マインドセット」は悪いほうのマインドセットを指します。

「新しいことにチャレンジしても、私はどうせ何をやってもダメだろう」など、「どうせダメだ」という、言わば、人生を「停滞」させてしまう思い込みです。

一方、良いマインドセットは、「成長型マインドセット」と呼ばれています。

「うまくいかないこともあるかもしれないが、やればできる。がんばっていれば、夢は必ず実現する」など、「やれば、できる」という良い思い込みで、このマインドセットを持つ人は、仕事の面でも、人間的にも、どんどん「成長」していきます。

つまり、自分の思考習慣を、「成長型マインドセット」に切り替えていけばいいわけです。

その方法としては、次のようなことがあります。

- 「やればできる。どうにかなる」を口ぐせにする。
- 不安材料ばかり探すのではなく、良い面を探す。
- ダメだった時のことを考えるよりも、できた時の喜びをイメージする。

●自分を応援してくれるような人に相談してみる。
●「ダメでもともと。失敗しても命を取られるわけじゃない」と開き直る。

このようなことを心がけながら、日々の生活を送っていくのです。

そうすると、心のあり方は、「停滞型マインドセット」から「成長型マインドセット」へと、だんだんと切り替わり、何事にも積極的、行動的に取り組んでいけるようになります。

それと同時に「くじけない心」も養われていきます。

POINT

「やれば、できる」を口ぐせにする。

第2章

「反発心」を持つ

1 満たされない欲求は「別のこと」にぶつけてみる

心理学に、「昇華《しょうか》」という言葉があります。

「あることで満たされない欲求を何か別のことに向けて、そしてその分野で自己実現をはかろう」ということを意味する言葉です。

たとえば、ドイツの文豪であるゲーテは、若い頃、好きな女性ができましたが、その恋は実りませんでした。

失恋してしまったのです。

ゲーテは、深く傷つきました。

そして、その苦悩を、「小説」という形で表現しました。

『若きウェルテルの悩み』という小説です。

この『若きウェルテルの悩み』は、ヨーロッパでベストセラーになり、ゲーテの出世作になりました。

ゲーテは、恋愛で満たされなかった欲求を、「小説を書く」ということに向け、それでもって自己実現をはかったのです。

これも、「昇華」の一例です。

このように、人は、あることで欲求が満たされないことがあったとしても、その悔しさや悲しみを、何か別のことにぶつけることも可能です。

そして、その悔しさや悲しみが、大きなエネルギーをつくり出すのです。つまり、くじけない心で大きなことを成し遂げる、ということもできるのです。

もし、欲求が満たされずに思い悩んでいるならば、「別のこと」を探すことに目を向けるといいでしょう。

POINT

失恋したら、その体験を小説に書いてみる。

2 「悔しい」と思った時こそ、チャンスが近い

伊藤ハムの創業者である伊藤傳三《いとうでんぞう》は、「涙を流し味わった悔しさが、後の成功を生む」と述べています。

彼は二十歳で、海産物を加工販売する会社を始めました。

自ら開発した魚肉ソーセージは好評を得て、当時の一流百貨店で大量に販売してもらうことになりました。

しかし、落とし穴があったのです。

その魚肉ソーセージには保存性に問題がありました。製造してしばらくすると、製品が腐って悪臭を放つことが発覚したのです。

すぐに百貨店に納入した魚肉ソーセージが大量に返品されてきました。

返品されてきた魚肉ソーセージは、もはや捨てるしかありませんでした。

捨てる魚肉ソーセージをリヤカーに積んで運びながら、彼は「こらえきれなくなって涙がポロポロ出た」と言います。

この時の悔しさをバネにして、彼はその後一層、一生懸命になって事業にまい進しました。そして、プレスハム（豚などの肉を混ぜ合わせて型詰めにした、日本特有のハム）を開発し、大きな成功をおさめ、現在の伊藤ハムに至ったのです。

彼の成功の原動力は、まさに魚肉ソーセージでの失敗の悔しさにあったのです。

人は誰でも、多くの失敗をします。

しかし、失敗したからといって、くじけてしまうことはないのです。

その失敗の悔しさをバネにして、成功をつかみ取ることもできるのです。

POINT

失敗した時の悔しさをバネにして、まい進する。

3

窮地の時は「なに、くそ」と思ってみる

柔道総本山である講道館の創始者であり、オリンピックの競技種目である現代柔道の基礎をつくりあげた嘉納治五郎《かのうじごろう》は、「人生には何よりも『なに、くそ』という精神が必要だ」と述べました。

この言葉にある「『なに、くそ』という精神」とは、いわゆる「反発心」のことでしょう。

人間は完璧ではありませんから、時には、目標を達成できないこともあります。つまらない失敗をすることもあるでしょう。

そのために周りの人たちから軽蔑されたり、悪いレッテルを貼られてしまったりすることもあります。

こうしたことから、生きる意欲や仕事への意欲を失ってしまう人もいるかもしれません。

しかし、ここで心がくじけ、足を止めてしまったとしたら、大きなことを成し遂げることはできません。

夢や願望を叶えることもできないでしょう。

この状況を変えるうえで大切なのが、「なに、くそ」という反発心です。

「なに、くそ」という思いで、周りの人たちから受ける悪い評判をはね返すほどの活躍を見せてこそ、大きなことを成し遂げることができます。

夢や願望を叶えることができるのです。

窮地《きゅうち》に陥ることがあっても、強い反発心を持ってはい上がってくることができる人が、「くじけない人」なのです。

POINT

強い反発心で、悪い評判をはね返す。

4 「負け」や「失敗」は再スタート地点にする

競争相手に「負ける」という経験をすることがあるでしょう。

仕事に「失敗する」ということもあるでしょう。

しかし、「負けること」「失敗すること」自体は、「終わり」ではないのです。

そこで気持ちがくじけてしまうことが「終わり」なのです。

気持ちがくじけてしまったら、そこから先へ発展的に進んでいくことができなくなってしまいます。

「悔しい」という気持ちを持つことが大切です。

「悔しい」という思いは、「再起してやる!」という強い反発心を生み出します。

この反発心があれば、「負けること」「失敗すること」は「終わり」ではなく、むしろ「再出発」になります。

つまり、新たな成功への再スタートになるのです。

「悔しさのない人間に進歩はない」と言われます。

「悔しい」という感情を良い反発心として役立てることができれば、その人にとって、それは「成長の原動力」になるのです。

人間的に成長し、仕事のやり方も成長します。

そういう意味では、「負けること」「失敗すること」は決して悪いことではないのです。

実際に、「負けること」「失敗すること」を経験したのをきっかけに、以前よりも一生懸命になって生きるようになり、大きな成功を勝ち取った人はたくさんいます。

負けや失敗からはい上がってきた人が、真の成功者なのです。

POINT

成功者は、負けや失敗からはい上がってきた。

5

「上司への反発心」を、がんばるエネルギーに変えていく

心理学に、「心理的リアクタンス」という言葉があります。

これには、「強制されることに反発する心理」という意味があります。

また、この「心理的リアクタンス」が、やる気を一層高めることに役立つこともあります。

よく、「私の上司は『あれをやれ。これをやれ』と一方的に命じてくるばかりで、私の『これをしたい』という意志をちっとも認めてくれない」と言う人がいます。

部下の自由なアイディアを認めようとしない「強制的な上司」は残念ながらいます。

「この上司には何を言ってもダメだ」と、あきらめてしまう人も多いでしょう。

気持ちがくじけて、仕事へのやる気を失ってしまうからです。

一方で、「強制的な上司」に対して強い反発心を持ち、「私はこういう仕事をしたい。私のアイディアを生かせば、必ず成功する」という信念を一層強くする人もいます。「あんな上司に、私の画期的なアイディアを潰《つぶ》されてたまるか」という反発心から、かえって、自分の思いを実現するために粘り強くいろいろな方面に働きかけていくのです。

そして、最終的に、自分のアイディアを認めてもらって、成功をつかみ取るところまで行くのです。

「上司への反発心」が、自分にがんばるエネルギーを与えてくれる、というケースもあるのです。

POINT

「心理的リアクタンス」を役立てる。

6 マイナスの条件を「成功の条件」と考える

松下電器産業（現パナソニック）を創業した松下幸之助は、自分が実業家として成功した秘訣について、次の三つのことを挙げています。

- 生まれた家が貧乏だったこと。
- 学歴がないこと。
- 体が弱かったこと。

いずれもマイナスのことのように思えます。「気持ちがくじける原因」として挙げてもおかしくないとも言えるでしょう。

仕事がうまくいかなかった時、「貧乏な家に生まれて、学歴もなく、体が弱い私には、成功なんて、どうせ望めない」などと境遇のせいだと決めつけ、意欲を失ってしまう人もいるでしょう。しかし、松下幸之助は、「家が貧乏で、学歴がなく、体が弱かったからこそ、成功できた」と言っているのです。

おそらく「反発心」が働いたのでしょう。

貧乏な家に育ったからこそ、反発心が働いて、「事業で成功して、幸せなお金持ちになってみせる」という意欲が人一倍強くなった。

学歴がなかったからこそ、「高学歴の人間に負けてたまるか」という気持ちが働いて、誰にも負けずにがんばることができた。

体が弱かったからこそ、「健康に留意して、長生きして、晩年まで事業の第一線でがんばるぞ」という気持ちになったというわけです。

反発心は「くじけない」心をつくるコツの一つです。

POINT

反発心が、その人に成功への強い意欲をもたらす。

7 「自己実現をはかる方法はたくさんある」と知っておく

「こういうことをしてみたい」という欲求が、どうしようもない事情から、満たされないまま終わる、ということがあります。

そういう時は、当然、悔しい思いをすることになるでしょう。

落ち込み、そして、思い悩むかもしれません。

しかし、そこで、くじけてしまうことはないのです。

その悔しい思いを「別のこと」へ差し向けて成功する、ということもあるからです。

ある男性は、子供の頃、少年野球に熱中していました。

レギュラー選手になって大活躍することを夢見ていましたが、大活躍どころか、レギュラー選手にもなれませんでした。

しかし、彼は、そこで、くじけてしまうことはありませんでした。

その悔しい思いを「勉強」にぶつけたのです。

一生懸命勉強した結果、難関大学へ入ることができました。

そして現在、学問を生かした新しい夢に挑戦しています。

人は、たくさんの可能性を持っています。

一つのことでダメだったとしても、他の分野で自己実現を果たして成功することはいくらでもあるのです。

どんな時でも、くじけることはないのです。

POINT

うまくいかないなら、別のやり方を探せばいい。

8 いい意味での「反発心」を持って生きていく

仕事の目標を達成できなかったり、何かで失敗をしたりした時、周りの人たちから「あの人は仕事ができない」と見なされてしまう場合があります。

それがきっかけになって、「すぐに気持ちがくじけてしまう人」になってしまう人もいます。

そして、また、仕事がうまくいかなくなると、「どうせ私は『仕事ができない人間』だ。今回も目標を達成できないだろう」とふてくされ、やる気を失ってしまうのです。失敗しても、そのことに対して反省することもしないのです。

しかし一方で、「あの人は、仕事ができない」というレッテルを貼られてしまったとしても、「私は決して『仕事ができない人間』ではない。今に見ていろ。名誉挽回してやる」と、反発心を持つ人もいます。

このような反発心を持てば、また、仕事がうまくいかないことがあったとしても、そこで気持ちがくじけてしまうことはないでしょう。

むしろ、「なにくそ！」という思いで、より力を発揮します。

あるいは、失敗をすることがあっても、「負けてなるものか！」という思いから、その失敗をカバーするほどの活躍を見せることもできます。

いい意味での「反発心」を持つことが、「くじけない心をつくるコツ」の一つになるのです。

POINT

悪いレッテルを貼られたとしても、ふてくされない。

OK
次は
がんばっちゃう
もんね
ネガティブ
マイナス
NG

第3章

「工夫する心」を忘れない

1 くじけない人は「工夫する知恵」を持っている

ある方法でうまくいかなくても、別の方法を試してみることでうまくいく、ということがよくあります。

ですから、ある方法でうまくいかないとしても、そこで「もうダメだ」とあきらめてしまわないことです。

「何か別の方法はないか」と、いろいろと工夫してみることが大切です。

そのような「工夫する知恵」を持つ人は、何事も、くじけることなく進めていくことができるのです。

西洋の格言に、「あらゆる壁は、扉になり得る」というものがあります。

ある目標を達成するためにがんばっていても、途中で壁にぶつかってしまうことがあります。

この時、どうにかして、この壁を乗り越えていく方法はないかと知恵をしぼり、いろいろなことを試してみるのです。

その結果、目の前の壁が、まるで扉のように開くこともあります。

つまり、「あらゆる壁は、扉になり得る」とは、「あきらめずに、知恵をしぼっていろいろと工夫してみよ」ということなのです。

そうすれば、必ず扉が開けることでしょう。

POINT

すぐにあきらめるのではなく、知恵をしぼって考えてみる。

2 知恵を働かせれば、必ず「いい方法」が見つかる

イソップ物語に『カラスと水差し』という話があります。

喉《のど》がカラカラに渇《かわ》いたカラスが、水差しを見つけました。

水差しとは、飲料用の水が入った瓶《びん》のことです。

しかし、せっかく見つけた水差しには、少しの水しか残っておらず、カラスがクチバシを入れても届きませんでした。

水差しの口が狭く、クチバシを深いところまで突っ込むことができないからです。

カラスは、クチバシを入れる角度を変えてみるなど、いろいろなことを試してみましたが、何をやってもクチバシは水のあるところまで届かず、どうしても水を飲むことができませんでした。

それでも、カラスはあきらめず、「何かいい方法はないだろうか」と、知恵をしぼり続けました。

その時、ハッと名案が浮かびます。

カラスは、クチバシを使って小石を拾い集めてくると、それを水差しの中へ入れ始めました。

すると、水位がだんだん上昇してきて、とうとうカラスのクチバシが届いたのです。

カラスは、やっと、水を飲むことができました。

このお話は、「一度ダメであっても、そこであきらめることなく、知恵を使っていろいろ試していけば、必ずうまくいく方法が見つかる」ということを教えてくれているのです。

POINT

あきらめなければ、いい知恵が必ず浮かぶ。

3

「足りない」時は工夫する

第二次世界大戦中の日本でのスローガンに、「足らぬ足らぬは、工夫が足らぬ」というものがありました。

当時は戦争中ですから、食料を始め、様々な生活物資が不足していました。

しかし「足りない、足りない」と嘆いているだけでは、生活は改善しません。いろいろと工夫すれば、物資が不足する中でも、幸せに生きていくことができるはずです。

そういう意味のことが、この「足らぬ足らぬは、工夫が足らぬ」というスローガンには込められています。

実際、当時の人たちは、家の庭で野菜を作って食べ物の足しにするなど、いろいろな工夫をしていたようです。

現代は、戦争当時に比べれば非常に豊かになりましたが、それでも「足りない、足りない」と嘆いている人たちがいます。

「収入が足りない。今の収入では、満足できる生活ができない」

「時間が足りない。このわずかな時間では、できることは限られている」など。

しかし、「足りない、足りない」と嘆いているだけでは、やはり、気持ちがくじけてしまうばかりです。

大切なのは、「工夫する」ということです。

工夫をすれば、お金がなくても、人生を楽しむことは可能です。

時間がなくても、たくさんのことができます。

人生は「工夫次第」なのです。

POINT

お金が足りないのか？ 工夫が足りないのか？を自分に問いかける。

④ リンゴ箱で机を作り、浴衣で洋服を作ってみる

戦後の日本で、ベストセラーとなった雑誌があります。

『暮らしの手帳』です。

戦後の日本は生活物資が不足していました。

しかし、その中で、豊かな気持ちで生活を楽しむ工夫の仕方を、この雑誌は様々な方法で紹介しました。

たとえば、リンゴ箱を使って、子供の勉強机を作る方法や、浴衣を使って、オシャレな洋服を作る方法です。

それが読者の評判を呼んで、この雑誌はベストセラーになっていったのです。

さらに、この雑誌は、読者への「読ませ方」にも様々な工夫をしました。

たとえば、イラストや写真を多用して、読者にわかりやすい内容に編集したのです。

その結果、この雑誌は「実践的に使える雑誌」として、読者を集めていきました。

様々なものが「足りない時代」であっても、工夫の仕方次第で、豊かに楽しく生活していくことは可能なのです。

大切なのは「今あるもの」で、生活を楽しむ工夫をしていく、ということでしょう。

これは、現代人にとっても、大切な生活の心得の一つになることでしょう。

「何々が足りない」と不満を言い、気持ちがくじけてばかりいる人は、いつまでも、生活を楽しむことができないままになってしまいます。

何かが足りなくても、あるもので工夫していけばいいのです。

POINT

今あるもので、生活を楽しむ工夫をしていく。

5 「遊び方を工夫する」ことは「仕事を工夫する力」につながる

子供は「工夫の天才」だとよく言われます。

特に「昔の子供」は、そうだったように思います。

昔は、今のように、コンピュータゲームなどありませんでした。

それでも、昔の子供たちは、身の回りにあるモノを工夫して、楽しく遊んでいました。たとえば、竹トンボや紙ヒコーキ、糸電話、笹舟など、何もなくても、隠れんぼや鬼ごっこなど、楽しい遊びを発明しては楽しんでいたのです。

現代の大人も、たとえば「気分転換のために大いに遊ぼう」という時、昔の子供が持っていた「工夫する力」を学びたいものです。

もちろん、何十万円もかけてゴルフ道具を買いそろえて、週末はゴルフ場へ行く、という遊び方もあるでしょう。

あるいは、海外旅行をする、という方法もあるかもしれません。

しかし、そんなお金をかけなくても、楽しく遊ぶ方法はたくさんあるのです。

一例ですが、今でも紙相撲《かみずもう》に熱中してる大人たちがいます。紙相撲とは、紙で力士の形を作って戦わせる、という遊びです。休日に同好者で集まって、紙相撲大会を行うそうです。

このように「遊び方を工夫する」ということは、「工夫して仕事をする力」にもつながっていきます。

そして、「くじけない心」を養うことにもなるのです。

POINT

工夫することで、くじける必要がなくなる。

6

頭がカラッポになるまで「無心」に工夫する

現在の本田技研工業の創業者である本田宗一郎は、「難しいことに取り組み、いろいろ工夫をする。没我《ぼつが》というのか、頭の中がカラッポになる。無心になる。この時間が何にもまして楽しいと、僕は思っている」と述べています。

何か難しい問題に直面した時、そこで気持ちがくじけてしまってはいけません。問題を解決するために、いろいろと工夫してみましょう。

そして、工夫することに熱中します。

この言葉にある「没我」とは、「我を忘れて」という意味です。

工夫して、いろいろなことを試してみることに、我を忘れて、「頭がカラッポ」になるまで雑念をすべて取り払って、「無心」になって熱中するのです。

そうすると、「工夫して試してみる」ということ自体が、なんとも「楽しい時間」になっていきます。

そこまでいけば、もう、難しいことに気持ちがくじけてしまうことはないでしょう。難しい問題に直面し、それを乗り越えていくということが、「楽しい」と感じられるのです。

だからこそ、本田宗一郎自身、くじけることなく、事業を成長させていくことができたのでしょう。

成長していく過程で、人は必ず壁にぶつかります。

その時、その壁を乗り越えていくことを「楽しむ」ということが大切なのです。

POINT

壁を乗り越えていくことを「楽しむ」のがいい。

7 自分のための「時間」は見つかる

「趣味や運動を始めたいが、忙しくて、なかなか時間がない」と言う人がいます。

実際に何か始めてみるのですが、やはり仕事が忙しく、結局は途中で気持ちがくじけて三日坊主で終わってしまうのです。

しかし、仕事が忙しくても、時間の使い方を工夫すれば、趣味や運動を楽しむ時間をつくることは可能ではないでしょうか。

たとえば、「朝、活動する」のも一つです。

今よりも朝少し早い時間に起床して、趣味を楽しむこともできます。

朝食を取る前に、近所をウォーキングする、ということもできるでしょう。

現在は、いわゆる「朝活《あさかつ》」が注目されていますから、早朝に行われる「読書会」や

「俳句の会」「ラジオ体操」「ヨガ教室」などの場に参加するのもいいでしょう。

また、趣味やスポーツではありませんが、早朝に「英会話」や「資格試験の講習」の教室を開いているところもあるようなので、そういったところに通うのも一つです。

早朝、会社に行く前に、読書会に参加している人も増えているといいます。

このように、早朝に趣味やスポーツを楽しみ、また読書に取り組むことで、仕事へも新鮮な気持ちで取り組めるようになった人も多いようです。

さらに、朝早く起床するために、あまり夜更《よふ》かししないようになり、生活が規則正しくなった、という人も多いのです。

工夫をすれば、「自分のための時間」は見つかるものです。

POINT

早朝の時間を使って、趣味や運動、勉強にあてる。

8

人間関係は「工夫すること」でうまくいく

人間関係がうまくいかずに悩んでいる人がいます。

「上司とウマが合わずに、困っている」

「夫婦関係がうまくいかない」

「友人と、いつも口論になってしまう」など。

人間関係に悩み、気持ちがくじけてしまって、会社を辞めたり、離婚したり、あるいは友人と会わなくなったり、という人も少なくありません。

しかし、それは非常に残念なことではないでしょうか。

苦労してせっかく入社した会社を簡単に辞めてしまのは、残念なことです。

愛し合って結婚した相手と離婚してしまうのは、残念なことです。

いい友だちを失ってしまうのも、残念なことです。

そんな残念なことをするよりも、相手とうまくつき合っていくために、何か「工夫すること」がないか考えてみましょう。

人間関係でも大切なのは、「工夫すること」なのです。

相手との距離の取り方を工夫する、という方法もあります。

相手に対する言葉遣いを工夫する、という方法もあるでしょう。

相手と一緒にいる時の過ごし方を工夫する、という方法もあります。

相手と一緒にいる時間を、もっと楽しく、もっと充実したものにするために、どんなことができるか模索し、工夫するのです。

そのような工夫をすることが、「人間関係でくじけない」ための大切なコツの一つです。

POINT

一緒にいる時間をもっと楽しくするために、工夫する。

今度は
何しようかな～
ワク
ワク

第4章

楽天的なくらい「前向き」でいる

1 くじけない心は日々のトレーニングでつくられる

うまくいかないことがあると、すぐに「もうダメだ」とくじけてしまう人がいます。

そして、そこで努力することをやめてしまいます。

しかし、それでは、いつまでも夢を叶えることはできません。

したがって、自分が望むような人生を手にすることはできないでしょう。

心がくじけやすいことを、「心が弱い」と表現することもあります。

足の筋肉が弱い人は、転びやすいものです。

同じように「心が弱い人」は、ちょっとつまずいただけで、簡単に心が折れてしまいます。

そのようなタイプの人は、日頃から、「心を鍛えるトレーニング」を積んでおくといいでしょう。

「心を鍛えるトレーニング」といっても、難しく考えることはありません。

また、大変なことでもありません。

次の三つのことを心がけて、日々過ごすだけです。

- 前向きに考える。
- 明るい気持ちを持つ。
- 楽天的になる。

日々、この三つのことを心がけて生きていくだけで、人の「心」は少しずつ強くなっていきます。

ちょっとしたことで、くじけないようになるのです。

POINT

前向きに、明るく、楽天的に生きていく。

2 何事も「少しずつの進歩」を認める

心がくじけやすい人の特徴の一つに、「マイナス思考にはまりやすい」ということが挙げられます。

ある人は、自分が口ベタであることに悩んでいます。

「もっとうまく話ができるようになりたい」と思い、話し方を学ぶ教室に通って、いろいろと努力もしているのですが、なかなかうまくいきません。

仕事の商談はもちろん、友人たちともうまくしゃべれないことがあると、「もうダメ」とすぐに心がくじけてしまいそうになります。

確かに、「いくら努力しても、なかなかうまくいかない」ということはあるかもしれません。

しかし、そこで「もうダメ」とあきらめるのではなく、前向きに考えることが大切です。

話し方がすぐに上達することはないかもしれませんが、ちょっとずつはうまくなっているはずです。その「少しずつの進歩」に着目して、「このままがんばっていけば、必ずいつか、うまくしゃべれるようになる」と信じるのです。

また、明るい気持ちを持つことも大切です。

自分が思うようにうまくしゃべれないことがあっても、そこで思い悩んだ顔などせずに、明るく振る舞うよう心がけましょう。

そして、口ベタであることに、楽天的な気持ちを持つのです。

「口ベタであっても、生きていけないことはない。それに世の中には、口ベタな人に対して良い印象を持つ人だっている」と楽天的に考えることで、深く落ち込まずにすみます。

少しずつ進歩を認めるうちに、心がくじけないようになるのです。

POINT

うまくいかなくても、前を向き続ける。

3 うまくいかないことは気にせず、うまくいった時は喜ぶ

『ピーナッツ』というアメリカの人気マンガがあります。日本では、『スヌーピーとチャーリー・ブラウン』というタイトルで人気を博しました。

このマンガに、次のようなエピソードがあります。

登場人物の一人に、不器用な子供がいます。

野球をすれば、飛んできたボールをうまくキャッチすることができずエラーばかりしてしまうのです。

そのたびに、仲間から怒られていた子供は、ある時、仲間に次のように反論します。

「ボールを補球するのは、とても難しい。だから、エラーした時に怒るよりも、うまく捕球できた時に、『これは、すごい幸運なことだ』と思って喜んでほしい」（意訳）

これは、とても前向きで、明るく、楽天的な発想から出た言葉だと思います。

どんなにがんばっていても、「いつもうまくいく」わけではありません。

そもそも、「うまくいく」ということは、とても難しいことなのです。

ですから、失敗や挫折があっても、いちいち落ち込んだり、腹を立てたりする必要はありません。

「難しいから失敗するのは当たり前だ。当たり前だから気にすることはない」と考えるほうがいいのです。

一方で、思いのほか、うまくいく時もあります。

その時は、「これはとても幸運なことだ」と喜びましょう。

うまくいかないことは気にせず、うまくいった時には大いに喜ぶ。

「くじけない心」をつくっていくうえで大切です。

POINT

うまくいかなくても、落ち込む必要はない。

4

結果を出すよりも、チャレンジすることを重視する

オランダの画家ゴッホは、「たとえ私の人生が負け戦であっても、私は最後まで戦いたい」と述べました。

この言葉を言い換えると、「大切なのは、勝ち負けではない。戦い続けるということだ」となるでしょう。

「負け戦」とは、一般的な人生論としての意味から言えば、「思い通りにならない」ことととして理解できます。

そして、この「戦いたい」という言葉は「チャレンジする」という意味に理解できます。

つまり、「人生で大切なのは、いい結果が出るとか、思い通りにならないとか、い

わゆる結果ではない。たとえ、思い通りにならないことの連続ではあっても、チャレンジし続けることが大切だ」ということです。

仕事でも趣味でも何でもそうだと思いますが、いくらがんばっても、いい結果が出ない、思い通りにならないことは少なくありません。

がんばってもがんばっても、失敗の連続だ、という時もあります。

そのような状況では、誰でも、心がくじけそうになってしまうでしょう。

そういう時は、「価値観を変える」ことが、くじけそうになる心を立て直す方法になります。

「良い結果を出す。思い通りの結果を出す」ということばかりに重点を置くのではなく、「とにかくチャレンジし続けることが大切だ」と、今までとは違う価値観を持ってみるのです。

そうすることで、前向きに、明るく、楽天的に生きていけるでしょう。

POINT

結果を気にせず、とにかくチャレンジし続ける。

5

自分をほめて、自分に自信を持つ

オーストリアの精神科医であり、心理学者だったアルフレッド・アドラーは、「心がくじけやすい子供は、何か失敗をした時に親から厳しく叱られてばかりいることが多い」という意味のことを述べています。

成績が良くない時、何か失敗をした時、言われた通りのことができない時などに、親から厳しく怒られてばかりいると、子供は「自分は何をやってもダメなんだ」と思い込むようになります。

そして、そのうちに、うまくいかないことがあっても、それを乗り越えていこうという根気を失ってしまいます。

そのことは大人になってからも続きます。

「私は、くじけやすい人間だ」という自覚がある人は、もしかしたら子供の時に「厳しい親から叱られてばかりいた」という経験をしたのかもしれません。

そのために「自分は何をやってもダメだ」という意識が強く植えつけられてしまっているのです。

思い当たる人は、日々、鏡に向かって「自分をほめる」ことを心がけるといいでしょう。夜、寝る前、朝、起きた時などがオススメです。

また、声に出してほめると、一層効果的です。

前向きな気持ちで、「こう見えて、よくがんばっている」と自分をほめます。

明るい気持ちで、「君には、すごい能力がある」と自分をほめます。

楽天的に、「あなたには将来性がある」と自分をほめます。

ほめることで、自分に自信がついてきます。そして、くじけることなく、根気強くがんばっていくこともできるようになります。

POINT

自分をほめると「くじけない心」が育つ。

6 失敗は「処置の仕方」で発見に変わる

言語学者の金田一春彦は、「失敗は恐れるに当たらない。大切なのはその後の処置である」と述べました。

この言葉にある「その後の処置」とは、具体的に言えば、「失敗から学ぶ」ということだと思います。

失敗してしまった時は、「なぜ失敗したのか」を考え、そこから教訓を得て、次の現場に生かしていく、ということです。

このような「処置」ができれば、「失敗は恐れることはない」のです。

発明王として有名なエジソンは、白熱電球を発明するにあたり、何千回となく失敗を繰り返したといいます。

それだけの失敗を繰り返しながら、なぜエジソンは、心がくじけなかったのかと言えば、それは「失敗から学んでいた」からでしょう。

失敗する度に、エジソンは、少しずつではあるのですが、自分が賢くなり、そして成長に一歩一歩近づいていることを実感できていたのでしょう。

だからこそ、途中で「もう、やめた」と投げ出すことなく、努力を続けることができたのです。

エジソンは、「私は失敗したのではない。『こうすれば失敗する』ということを発見したのだ」という意味のことも述べています。

「こうすれば失敗する」ということがわかれば、次は何か違うことを試すことができます。

これも「失敗から学ぶ」という意識の、一つの表れだと思います。

POINT

「失敗によって、一歩ずつ成功に近づいている」と知る。

7

「理性的に考える」ことで感情をコントロールしていく

人は失敗からいろいろなことを学ぶことができます。

また、学ぶことによって、少しずつ成長することができます。

そのことを理解できれば、気持ちが前向きになります。たとえ失敗することがあったとしても、明るい気持ちでいられます。「こんな失敗など、どうってことない」と、楽天的な気持ちでいられるのです。

ある出来事を体験した時、その人の心には様々な感情が生まれます。

特に、何かに失敗したり、物事がうまくいかない状況に直面したりすると、悔しさや自分への怒り、落ち込み、悲しさ、といった様々なネガティブな感情に心が占領されてしまいます。

忘れてはいけないのは、そのような感情は、ある程度、自分でコントロールできるということです。

いったん、怒りや落ち込みといったネガティブな感情にとらわれると、そのネガティブな感情から抜け出せないと思いがちです。

しかし、自分の感情を上手にコントロールして、ネガティブな感情から抜け出すことが可能なのです。

では、どうすれば感情を上手にコントロールできるのかと言えば、それは「理性的に考える」ということです。

なぜ失敗したかを理性的に考え、そして理性的に失敗から教訓を学ぶ、ということです。

そういう「理性的な意識」を持つことによって、怒りや落ち込みといったネガティブな感情を上手にコントロールしていけるのです。

POINT

理性の力で、ネガティブな感情に対峙する。

8 「やる価値」があることは失敗しても価値がある

人生は、時に、大きな試練を与えます。

大きな壁が立ちはだかり、どうしてもその先に進むことができない時があります。

大きな失敗をして挫折を経験することもあるでしょう。

そのような経験をすれば、当然、心がくじけそうになります。

「私は、もうダメだ。私は、何をやってもダメなんだ」と、自己嫌悪に陥ってしまうこともあるかもしれません。

しかし、ここで「もうダメだ」「何をやってもダメなんだ」などと考えてしまったら、本当にそこで人生が終わってしまいます。

人生は「心の持ち方」次第で、良い方向へ向かっていくこともあれば、悪い方向へ落ちていってしまうこともあるのです。

したがって、大きな試練に見舞われて苦しい時こそ、前向きな気持ち、明るい気持ち、楽天的な気持ちを持つことを心がけていくほうがいいのです。

そのようなポジティブな気持ちを持つことで、くじけることなく前へ進んでいくことができるのです。

西洋の格言に、「やる価値のあることは、失敗したとしても価値がある」というものがあります。

願望を実現するためにがんばっている途中での失敗は、頑張っているからこそ起きた失敗です。

だからこそ「価値がある」、つまり、いい人生経験になります。

失敗しても落ち込むことはないのです。

前向きに、明るく、楽天的に生きていくほうがいいのです。

心の持ち方次第で、これからの運命が大きく変わっていきます。

POINT

心の持ち方次第で、失敗を乗り越えていける。

9 新しいことに挑戦すると、心が元気になる

物理学者で、ノーベル物理学賞を受賞したアルベルト・アインシュタインは、「一度も失敗をしたことがない人は、何も新しいことに挑戦したことがない人である」と述べました。

新しいことに挑戦しようとしない人は、失敗することはないかもしれません。

決められたレールの上を、決められた通りに走っていればいいだけだからです。

まったく危険がない人生ともいえます。

それが幸せなら、それでもいいでしょう。

しかし、そのような人生に満足しない人もいます。

このタイプの人は、自分らしさを発揮して、もっと充実した人生を実現するために、

新しいことにどんどん挑戦していくほうがいいでしょう。

もちろん、そこは、誰も通ったことがない未知の領域です。

未知の領域に入っていくのですから、もちろん失敗することもあるでしょう。

しかし、新しいことに挑戦していくことには、それ自体に大きな喜びがあります。

大きな生きがいがあるからです。

ゆえに、たとえ失敗することがあっても、その喜びがあるので、心がくじけてしまうことなく、さらに先へと進んでいくことができます。

そういう意味では、仕事においても、人生においても、前向きに、明るい気持ちで、また楽天的に新しいことにどんどん挑戦していくほうがいいでしょう。

新しいことに挑戦していくと、心がだんだん元気になります。

そして、「元気な状態の心」は、多少のことではくじけないのです。

POINT

失敗することを怖れず、新しいことに挑戦していく。

私がんばってる！
えらいえらい！

第5章

「今日の目標」を決め、行動する

1 「明確な目標」が、くじけない心を育《はぐく》む

「やる気が長続きしない」と言う人がいます。

最初は「がんばろう」という気持ちで物事を始めるのですが、途中でちょっと辛いことがあると、そこで気持ちがくじけてしまうのです。

ある男性は、毎日、仕事でくじけていると言います。

最初はやる気を出して仕事に打ち込むのですが、ちょっと上司から嫌味を言われたり、取引先からクレームを言われたり、トラブルに見舞われたりすると、すぐに気持ちがくじけてしまうそうです。

そのためか、これといった業績を上げることができません。

当然、会社での評判も、いいとは言えない状態です。

このような「気持ちがくじけやすい」タイプの人は、しっかりした目標を持つといいでしょう。

「くじけない心」を育んでいくための大切な方法の一つに、「明確な目標を持つ」というものがあります。

明確な目標がないから、がんばる意味を見つけられず、すぐに気持ちがくじけてしまうのです。

明確な目標を持っていれば、ちょっと辛いことがあっても、「ここでくじけてしまったら、目標を達成できない。目標を達成するために、がんばろう」という踏ん張りがききます。

仕事でも趣味でも、ただ漠然とした気持ちで取り組むのではなく、明確な目標を持って取り組んでいくほうがいいでしょう。

そして、いつも頭の片隅で、目標のことを意識しながら進めていくのです。

それが、「くじけない心をつくる」コツの一つです。

POINT

自分なりに「明確な目標」を設定してみる。

2 「与えられる目標」プラス「自分でつくった目標」を持つ

途中でくじけることなく、最後までやる気を持って活動していくコツの一つに、「明確な目標を持つ」ということが挙げられます。

また、その「目標」は、他人から与えられるものばかりでなく、自分自身でつくり上げることが大切です。

仕事をしていると、他人から与えられる目標があります。

たとえば、上司から、「今月は、この数字を目指してがんばってほしい」と命じられる目標があります。

取引先から、「今月までに仕事を終えてほしい」と目標を設定される場合もあるでしょう。

もちろん、そのような「他人から与えられる目標」も、しっかり意識します。

しかし「他人から与えられる目標」を意識するだけでは、強い持続力を発揮することは難しいです。

途中でくじけず、強い持続力を発揮するためには、「他人から与えられる目標」に加えて、「自分自身でつくった目標」もしっかり持つ必要があります。

たとえば、「上司から与えられるノルマを達成しながら、社内での信用度を高めて、いずれは自分が企画したプロジェクトを成功させる」といった目標です。

あるいは、「取引先からの要請を着実にこなしながら、いつか自分のほうから大きな商談を持ちかけて成功させる」といった目標です。

このような「自分自身でつくった目標」もしっかり持つことで、「くじけない心」がさらに強まっていくのです。

POINT

「自分ならではの目標」について考えてみる。

3 「どうせダメ」ではなく「どうせならやってみる」

心がくじけやすい。

ちょっと嫌なことがあると、すぐにやる気をなくしてしまう。

こういった人には、次のような心理的傾向があるようです。

- (何をするにしても)「どうせダメだ」「どうせ無理だ」と決め込んでいる。
- 自分を、「これといった能力がない人間だ」と思い込んでいる。
- 失敗することを、極端なまでに怖れている。
- 過去の失敗体験をずっと引きずっている。
- 物事のネガティブな面だけをクローズアップして見てしまう。

●落ち込んだ時に助けを求めず、一人で悩み続ける。
●何事においても完璧主義である。

思い当たる項目が二つ以上ある方は、「心がくじけやすい」と言えるかもしれません。

特に、一つめの「（何をするにしても）『どうせダメだ』『どうせ無理だ』と決め込んでいる」は、「心がくじけやすい人」の典型的な特徴です。しかし、これは本人の思い込みにすぎないとしても、うまくいくかいかないかは、やってみなければ誰もわかりません。

この「どうせ」という言葉を、「どうせなら」という言葉に言い換えてみましょう。

「チャンスはもらったけれど、どうせダメだ」ではなく、「せっかくチャンスをもらったのだから、どうせならやってみるか」といったようにです。

「どうせなら」という言葉を使うように心がけることで、気持ちが自然と前向きになっているのを感じるはずです。

POINT
「どうせダメ」はあなたの勝手な思い込みで事実ではない。

4 くじけない人とは「自分の限界」を知っている人

「くじけない人」とは、必ずしも、「自分の実力以上のことをやろうとする人」ではありません。

むしろ、「自分の限界を知っている人」と言えるのではないでしょうか。

「自分の限界を知っている人」とは、自分には今、このくらいの実力しかないということをよく認識している人です。

自分の現状をよく理解している人です。

このタイプの人は、自分の実力を超えた、無理な目標を持つことはありません。

それがたとえ周りの人たちに自慢できないような目標であっても、自分の実力に見合った目標を設定し、その目標をくじけることなく着実に達成していきます。

そして、少しずつであっても、自分の実力を高めていきます。

一方、「自信過剰な人」、つまり、「自分には弱いところなどないと考えている人」は、往々にして自分自身の力を過信して、自分の実力以上の目標を掲げてしまいがちです。周りの人に「スゴイと思われたい」という虚栄心も働き、高すぎる目標を持ちます。しかし、自分の実力以上の高すぎる目標を掲げたために、途中でうまくいかなくなって、結局は心がくじけてしまうことになりがちです。

そういう意味では、「自分の限界を知っている人」のほうが、着実な目標を達成し、少しずつ自分の能力を向上させながら、最終的には大きなことを成し遂げることができるものなのです。

自分自身に謙虚に向かい合える人が、「くじけない人」なのです。

POINT

自分の限界を知って、実力以上のものを望まない。

5 虚栄心から自分を大きく見せる人は、自ら潰《つぶ》れてしまう

イソップ物語に『牛をうらやむカエル』という話があります。

ある日、一匹のカエルが散歩していると、一頭の牛を見つけました。

カエルは、牛の体の大きさに驚き、「自分もあんなふうに大きくなりたい」と思いました。

そして、家族のもとへ戻ると、息を大きく吸い込んで、お腹を大きくふくらませ、「どうだ。私の体は牛のように大きいだろう」と自慢しました。しかし、家族のカエルたちは、「おまえの体は、牛のようには大きくない」とバカにしました。

そこで、そのカエルは、さらに大きく息を吸い込んで、「私の体は牛のように大きいだろう」と自慢しました。しかし、やはり、家族のカエルたちは、「全然大きくない」

とバカにしました。

そのカエルは、さらに大きく息を吸い込もうとしたのですが、お腹を大きくふくらませすぎて、お腹が破れて倒れてしまいました。

この話は、「自分自身に謙虚になり、自分の能力に見合った生き方をしていくことが大切だ」ということを示しています。

虚栄心から「自分を大きく見せたい」という思いを抱き、実力以上の目標を掲げて、結局は気持ちがくじけて、自ら潰れていくタイプの人は、このイソップ物語に登場する「カエル」に似ているようにも思います。

自分の弱さ、小ささをよく知って、そんな自分に謙虚になって生きていくことが、結局は自分にとっていちばん良いということです。

POINT

自分の「小ささ」を良く知って、そんな自分に謙虚になる。

6 真の自分を見出し、「自分のペース」で生きる

詩人の北原白秋《はくしゅう》は、「自分の弱さを心から知り得た時、人は真から強くなる。真の自分を見出す」と述べました。

自分の弱さを知っている人は、いい意味で開き直ることができます。

「私の実力では、今は、この程度のことしかできない」と開き直ると同時に、「今、自分にできることを、きっちりやっていこう」と決意し、実行するのです。

そして、少しずつではあっても、着実に実績を出していきます。

着実に自分の能力を向上させていくことができるのです。

そういう人が、真の意味での「強い人」です。

一歩一歩は小さな歩みであっても、途中でくじけることなく、着実に前進していく

ことで、だんだんと自分に自信がついてきます。

その自信の積み重ねによって、その人は「真から強くなる」のです。

また、「焦ることはない。慌てることはない。自分のペースで、一つひとつのことをクリアしていけばいい」ということがわかってきます。

それでも最終的には、大きなことを成し遂げることができるのです。

したがって、自分ならではの生き方のペースはどの程度のものなのかが理解できてくるのです。

それが、「真の自分を見出す」ということなのです。

「くじけない生き方」を考えるうえで、この北原白秋の言葉は、いろいろな気づきを与えてくれます。

POINT

焦ることなく、慌てることなく、自分のペースで生きる。

7 「今日の目標」の達成が明日のやる気につながる

途中でくじけることなく、やる気を持続させていく方法の一つに、「短期的な目標を一つずつ着実にこなしていく」というものがあります。

もちろん、一年後、三年後をうたった長期的な目標を掲げることも大切でしょう。

しかし、それと同時に、たとえば、「今日は、こういうことをする」という短期的な目標を設定し、とにかくその短期的な目標を達成するために、今日一日を一生懸命がんばるのです。

明日は明日で、また「今日の目標」を掲げて、それを成し遂げることに全力を費やします。

そのようにして、日々の努力と実績をコツコツと積み重ねていくことによって、長期的な目標を達成することを目指すのです。

短期的な目標はもちろん、その日のうちに確実に達成できることを設定します。

そのために、たとえば、手帳に「今日の目標」を書き出しておくという方法もあります。

今日やるべきことや、今日の課題を「目標」として書き出しておくのです。

そうすることで、やるべきことがより明確化されます。

そして、その日の終わりには、今日できたこと、今日自分が成長したと実感できることをノートに書き出すのもいいでしょう。

明日のやる気につながるはずです。

一日一日を大切に生きようという意識が、「くじけない心」を育んでいきます。

POINT
短期的な目標を設定し、**自分の成長を日々実感する。**

8

「星」を見据《みす》えながら地面に足をつけて歩く

アメリカの第26代大統領であるセオドア・ルーズベルトは、「目はいつも星に向けておく。そして、足はしっかりと地面につけておくことが大切だ（意訳）」と述べました。

「星」とは、「目標」「夢」「願望」といったこと、しかも長期的に、一年、あるいはそれ以上先の将来に叶えたいと考えているものです。

「足はしっかりと地面につけておくこと」とは、言い換えれば、「今日やるべきことを、着実にこなしていくこと」ということを表しています。

つまり、「将来的な目標をしっかり見据えながら、今日やるべきことを着実にこなしていくことが大事だ」と、彼は言っているのです。

まずは、「今日、何を目標にしていくか」を明確にします。

そして、今日一日を全力で生きていくことに集中するのです。

将来的に「こういうことを実現したい」という目標があっても、今日やるべきことが明確化できず、毎日漠然とした気持ちで生きている人は、何か辛いことがあったときに、すぐに気持ちがくじけてしまうものです。

ですが、今日やるべきことをしっかり意識し、今日という日を全力で生き抜くことで、くじけることなく前に進み、将来的な夢や願望を実現することができるのです。

長期的な目標、つまり、星に向かって、毎日一歩一歩進んでいくことで、確実に近づくことができる。

そう、セオドア・ルーズベルトは言っているのです。

POINT

まずは、今日という日に集中し全力で生きる。

第6章

「自分の良さ」に目を向ける

1 「自動思考」にはまらないよう注意する

心理学に、「自動思考」という言葉があります。

「ある事柄に接した時に、瞬間的に現れる考え方のくせ」を表す言葉です。

たとえば、仕事を進めている過程で、ちょっとした不具合が生じたとします。

その瞬間、「これでもう、この仕事はうまくいかない。どうせダメだ。自分には、どうせ無理なんだ」という考えに頭を支配されてしまいます。

本当は、その不具合を解消する手段があるにもかかわらず、それをよく検討してみることもしないで、自分で勝手に「どうせダメだ」と決めつけてしまっているのです。

その不具合を上手に解決すれば、ぐっと成功に近づくにもかかわらず、瞬間的に「どうせ無理だ」と思い込むのです。

この自動思考は、「心がくじけやすい人」の特徴とも言えます。

自動思考から脱却するには、まずは自分にこういった「思考ぐせ」があることを自覚することが大切です。

自覚しているからこそ、「あ、また私は『どうせダメだ』『どうせ無理だ』と考えてしまっている」と、自分の思考の状態に気づくことができます。

そして、気づくことで、「本当にダメなのか、本当に無理なのか、もう少しよく考えてみよう」という意識も働き始めるのです。

実際によく検討すれば、「ダメではない」「無理ではない」ということがわかってきます。

それと共に、問題を解決しようという意欲も湧いてきます。

POINT

本当にダメなのか、無理なのか、よく検討してみる。

2 自分の良さを見つけて「本当の自分」を評価する

「くじけやすい人」の性格的な特徴の一つに、過大評価とは逆に「自分を過小評価している」ということも挙げられます。

本当は、すぐれた能力があるにもかかわらず、「私は何の能力もない、つまらない人間だ」と、自分を過小評価してしまいがちなのです。

本当は、努力家であるにもかかわらず、「私はあきっぽい性格で、何をやっても長続きしない」と、決めつけてしまう人もいます。

そのために、何かしらの困難に直面した時に、「能力のない私には、この困難を乗り越えていけない」「そもそもあきっぽい性格の私だから、これ以上がんばることはできないだろう」と考えて、すぐに心がくじけてしまうのです。

このようなタイプの人は、子供の頃、親から「あなたは、何をやらせてもダメなのね」「あなたは、あきっぽいわね」などといったネガティブな言葉で叱られることが多かったようです。

つまり、親から「能力がない」「あきっぽい性格だ」という固定観念を植えつけられてしまっているのです。

でもこれは、親から見た性格であって、本当の性格であるとは限りません。

ゆえに「本当の自分」を取り戻すことが必要です。

それには、「うまくいったこと」「人からほめられたこと」などをノートに書き出す、という習慣を持つといいでしょう。

ノートに書き出していくうちに、「自分という人間は捨てたものじゃない。なかなか見どころがある人間だ」ということに気づき、自信になります。

その自信が、「くじけやすい人」から脱却するための力を与えてくれます。

POINT

ほめられたことを書き出して、自分に自信をつける。

3

ポジティブなイメージを思い描くようにする

「失敗を怖れる気持ち」は、心がくじけてしまう大きな原因になります。

たとえば、大きなチャンスが巡ってきたとします。

「このチャンスをものにしたら、大きな成功を得られるかもしれない」と、最初はワクワクした気持ちになります。

しかし、「失敗を怖れる気持ち」から次の瞬間、「もし失敗したら、どうなるのか」という考えが頭に浮かび始めます。

「もし失敗したら、責任を取らされることになるかもしれない」

「上司から責められるだろう。同僚たちからバカにされるだろう」

「もしかしたら、失敗のために、左遷《させん》させられることになるのでは」

このようなネガティブなイメージで、頭の中がいっぱいになってしまうのです。

その結果、チャンスをものにするための行動を起こす前から、心がくじけてしまい、チャンスを逃してしまうのです。

そうならないためには、浮かんでしまったネガティブなイメージを追い出すために、意識してポジティブなイメージを思い描くことが大切です。

「成功を手にして満足している自分」

「上司や同僚たちにほめられ、満足している自分」

「成功をきっかけに、どんどん出世していく自分」

ポジティブなイメージを思い描くことで、気持ちが前向きになっていきます。

くじけることなく、積極的に行動していくことができるようになるのです。

そうすることで、巡ってきたチャンスを生かすことができるでしょう。

POINT

頭の中のネガティブなイメージを追い出す。

4

過去の経験に対して、あえてポジティブな考えを持つ

現実にあった過去の失敗を、完全に忘れ去ることは不可能でしょう。

しかし、「その経験に対する考え方を変える」ということはできます。

「過去、失恋した」という経験を「なかったことにする」ことはできません。

事実は事実として永遠に残ります。

しかし、それに対する考え方を変えることはできます。

たとえば、「失恋して、とても辛かった、自尊心を傷つけられて、非常に落ち込んだ」という思いを引きずっている人がいたとします。

その人はきっと、新しい恋愛に消極的な気持ちになってしまうこともあるでしょう。

好きな人ができても、「あの時のように、また、辛い思いをしたくない」と、気持

ちがくじけてしまうことでしょう。

失恋の事実は変えられませんが、その「失恋した」という経験に対する考え方を変えることはできます。

「失恋は、いい経験だった。人の心の痛みが理解できるようになった。この経験を生かして、今後、いい恋愛ができるに違いない」などと、ポジティブに考えてみるのです。

このようにネガティブな考え方から、ポジティブな考え方に変えることができれば、自分の人生に対してもっと前向きになれます。

新しい恋愛に対しても、気持ちがくじけてしまうことなく、もっと積極的に行動できるようになるでしょう。

POINT

ネガティブ思考からポジティブ思考に切り替える。

5

物事は「ポジティブな面」から目を向ける

一つの事柄であっても、様々な側面を持っています。

したがって、その一つの事柄からいろいろな考え方ができます。

その際に大切なことは、ネガティブな考え方にとらわれるのではなく、なるべくポジティブに考えるように心がける、ということです。

たとえば、大切な仕事の締め切りが明日に迫っているとします。

しかし、まだやらなければならないことがたくさん残っている状態。

このままでは、締め切りに間に合いません。

この時、「あと一日しかない。どうしよう。もうダメだ」などという考え方をしてしまったら、きっと、気持ちがくじけてしまうでしょう。

「まだ一日ある。なんとかなるはずだ。がんばろう」とポジティブな面に目を向けることができれば、気持ちがくじけてしまうことはないでしょう。

高い集中力を発揮し、締め切りに間に合わせることができるのではないでしょうか。

「あと~しかない」というネガティブ思考ではなく、「まだ~ある」というポジティブ思考で物事を考えるのがポイントです。

たとえば、「あと、これだけのお金しかない」ではなく、「まだ、これだけのお金が残っている」といったようにです。

何事も、ポジティブに切り替える習慣を持つことで、くじける理由がなくなるのです。

POINT

ネガティブな面ばかりをクローズアップしない。

6 困ったことがあったら「人」に相談する

困ったことがあった時、一人で抱え込んで悩み続ける人がいます。

「自分の問題で、他人に迷惑をかけたくない」という理由です。

責任感、そして、人への思いが強いからなのでしょうが、こういうタイプの人は「くじけやすい人」であることが多いようです。

自分一人で問題を抱え込んでしまうと、結局は、いい解決策が見つからないまま、その問題がますます大きくなっていくケースも多いからです。そのため、その人も気持ちがくじけてしまって、お手上げ状態になってしまいます。

そうならないためには、早い段階で、誰かに相談したり、場合によっては、人に助けを求めたりすることが大切です。

そのほうが「くじけない」ですみます。

相談した相手からもらったアドバイスが、問題解決のいいヒントになることもあります。

直接的に力を貸してもらうことができれば、なおさら早く問題を解決することができるでしょう。

相談するだけでも気持ちが楽になります。

チベット仏教の指導者だったサキャ・パンディタは、「自分でどうにかなると思っていても、すべてのことを相談してみる。相談を好まない者は、後悔することになる（意訳）」と述べました。

人に相談したり、助けを求めたりすることを避ける必要はありません。「人の迷惑になる」などと考える必要もありません。

人から助けてもらったら、今度は自分がその人が困っている時に助けてあげればいいのです。人間は、そのように支え合いながら生きていくものなのです。

POINT

「自分一人で解決してみせる」という考え方を捨てる。

7 身近に「良きメンター」を何人か持っておく

心理学に、「メンター」という言葉があります。

「良き相談相手」「心の支えになってくれる人」を意味する言葉です。

身の回りに、この「メンター」、つまり、相談相手や心の支えになってくれる人を持っておくことが大切です。

というのは、もし何か自分の人生や仕事で問題が生じた時に、このメンターが助けになってくれるからです。

また、メンターは、心の癒しにもなってくれます。

メンターとなってくれる人に、悩み事を聞いてもらっているだけで、心が癒され、精神的に元気が出てくるのです。

メンターから「くじけず、またがんばろう」という勇気をもらえるのです。

そういう意味では、身近に、自分のメンターになってくれる人をつくっておくことが大切です。

メンターは、一人でなくても構いません。

たとえば、「仕事のうえでは、日頃いろいろお世話になっている先輩をメンターにする」「プライベートの面では、親友をメンターにする」「精神的な面では、尊敬する人をメンターにする」といったように状況に応じて、何人かのメンターを持っておくのがいいでしょう。

メンターを持つには、日頃から、自分のほうから良い人間関係をつくっておく必要があります。

「私には、たくさんの良きメンターがいる」という実感がある人は、ちょっとしたことで心がくじけることはありません。

POINT

「良き相談相手」「心の支えになってくれる人」をつくる。

8 「完璧」を目指すことにとらわれすぎない

「完璧主義」のような性格の持ち主も、気持ちがくじけやすいです。

仕事でも何でも、「完璧だ」と言える状態にまで仕上げないと満足できないため、80パーセントの出来では落ち込んでしまうのです。

しかし、何事でもそうですが、「100パーセントうまくいく」ということなど、まずありません。

どこかから必ず、うまくいかない点や、思うようにならないことが見つかるものなのです。

しかし、完璧主義のような性格の強い人は、そんな「うまくいかない点」「思うようにならないこと」が許せません。

そして、そのような不具合が見つかると、「なんて私はダメなんだろう」と、気持ちがくじけてしまいます。

ですから、完璧主義の人は、しょっちゅう気持ちがくじけてばかりいます。

そうならないために大切なことは、80パーセントうまくいったら、「それで良し」と考える習慣を持つことです。

努力しても思うようにならなかった、残りの20パーセントは、「次の課題」にすればいいのです。

そのように大らかな気持ちで生きていくほうが、くじけることなく、楽な気持ちで日々を過ごすことができます。

場合によっては完璧を目指すことも必要ですが、100パーセントの努力をしてもどうしようもない時は、やむを得ないとするることが、「自分のため」になるのです。

POINT

80パーセントうまくいったら、「それで良し」と考える。

よし!
相談してみよう!!
あの〜

第7章

日々の心がけで「くじけない心」をつくる

1

適度な運動習慣が「くじけない心」を育む

「くじけない心」をつくる方法の一つに、「適度な運動習慣を持つ」ということが挙げられます。

適度な運動は、体の健康にいいばかりではなく、精神面にもいい影響を与えます。

適度な運動をすると、脳内で「エンドルフィン」というホルモンの分泌量が増えることが知られています。

このエンドルフィンは別名、「快感ホルモン」とも呼ばれているのですが、脳の中でこのエンドルフィンというホルモンの分泌が盛んになると、気持ちが明るくなり、何事にも積極的に取り組もうという意欲が増すのです。

また、適度な運動をすると、体内で、ストレスホルモンであるコルチゾールやアドレナリンの量が減ることが知られています。

つまり、運動は、ストレス解消に役立つというわけです。ストレスが解消されれば、やはり、気持ちが落ち着き、前向きな考え方ができるようになります。

したがって、日頃から適度な運動をする習慣を持っておくことで、ちょっとした困難に直面したとしても、それに対して落ち着いて対処できるようになります。

また、困難を前向きな気持ちで乗り越えていけるようになります。

「運動をしたいと思うが、時間がない」という人もいるかもしれません。

しかし、日常生活の中でウォーキングしたり、あるいは、エスカレーターを使わないで階段を上ったりする習慣を持つだけでも、いい効果が得られます。

意識して体を動かしていくことが大切です。

POINT

一日わずかな時間でもいいから、体を動かす習慣を持つ。

2 「急がば回れ、運動になるから」を実践していく

「急がば回れ」ということわざがあります。

「あわてて、急いで、物事を成し遂げようとするよりも、少し遠回りしていくほうがいい。そのほうが、結果的に、自分に得になることも多い」という意味を表しています。

このことわざに「運動になるから」という言葉をつけ加えて、「急がば回れ、運動になるから」という言い方があるようです。

これは昔から伝わることわざではなく、「適度な運動習慣を持とう」という、標語としての言葉です。

たとえば、ある地点まで行くことになったとします。

その地点に行くには、バスを使うともっとも早く着くのですが、あえて歩いていきます。

時間はかかりますが、あえて歩くのです。

これが「急がば回れ」です。

歩いていくことによって、いい運動になります。

ですから、「急がば回れ、運動になるから」なのです。

日常生活の中で、あえて時間がかかっても「歩く」という習慣を取り入れてみましょう。

行先の駅の、一つ手前の駅で電車を降りて歩くのでもいいでしょう。

このようにして運動習慣を持つことも、やはり、「くじけない心」を育んでいく方法の一つです。

POINT
時には、バスや電車に乗らずに歩いていく。

3 苦難にある時だからこそ「笑う」

「明るく笑う」という習慣を持つことが、「くじけない心」を養うための一つのコツになります。

イギリスの有名な政治家にウィンストン・チャーチルがいます。彼は、第二次世界大戦時のイギリスの首相でした。

第二次世界大戦時は、当初、イギリスは、当時のナチスドイツの激しい空爆にさらされ、窮地に陥っていました。

そこで、「これからナチスドイツの攻撃に、どう対処するか」という対策を話し合うために会議が開かれることになりました。

会議に出席した閣僚たちは、みな難しい顔をしていました。

その閣僚たちの顔を見回して、首相だったチャーチルは、まず、「諸君、そんな難しい顔をしているよりも、笑ったらどうだ。難しい顔をしていても、いいアイディアは出てこない。笑ったほうが、いいアイディアが出る」と述べたそうです。

チャーチルは、ユーモアが好きな人として有名でした。

どんな苦境にあっても、明るく笑うことを忘れない人だったのです。

そんな「ユーモアの精神」があったからこそ、くじけることなく苦難を乗り越えて、最終的にイギリスを勝利に導いていくことができたとも言えるのではないでしょうか。

笑うと、心が元気になります。

笑うと、気持ちが明るくなります。

笑うと、楽天的な気持ちになれます。

それが、「くじけない心」を養ってくれるのです。

POINT

笑って、心を元気にする。

4 明るく笑うことで心が強くなる

ドイツの哲学者であるニーチェは、「笑いとは、地球上でいちばん苦しんでいる動物が発明したものである」と述べました。

この言葉にある「地球上でいちばん苦しんでいる動物」とは、他でもなく「人間」を指しています。

失敗して悩んだり、うまくいかずに落ち込んだりしているのは、おそらく人間だけでしょう。

誰かに非難されて自信を失ったり、人から認めてもらえずに辛い気持ちになったり。人間以外の動物には、そのような悩みや落ち込み、自信喪失、辛さ、といった感情はないように思います。

そういう意味で、人間は「地球上でいちばん苦しんでいる動物」なのです。

そしてニーチェは、「だからこそ人間は笑いを発明した」と言っています。

なぜなら、笑いは癒しになるからです。

明るく笑うことによって、「人生にはいろいろあるけれど、くじけずにがんばっていこう」と、人間は気持ちを切り替えることができます。

日々の生活の中で「明るく笑う機会」をたくさんつくっていくといいでしょう。

そのためには、自分から周りの人たちに冗談を言って明るく笑うように心がけたり、コメディ映画や、お笑い番組などを見て、笑う時間を設けたりするのもいいでしょう。

よく笑うことを心がけて生きている人は、ちょっとしたことでくじけることはないのです。

POINT

周りの人たちに冗談を言って、笑う。

5 「ポジティブな言葉」が心を元気にする

「ポジティブな言葉をたくさん使う」ことが、「くじけない心」を元気にする方法の一つです。

「楽しいね」
「がんばろう」
「未来は明るい」
「ピンチこそ、チャンスだ」
「最高の気分だ」
「うれしい」

といったポジティブな言葉を、できるだけ多く使うように心がけるのです。

ポジティブな言葉をいつも使っていると、自然と心が元気になっていきます。

心が元気になれば、ちょっと辛いことがあったとしても、そこでくじけてしまうことなく、力強く乗り越えていけるのです。

反対に、

「嫌だ」

「つまらない」

「頭にくる」

「面白くない」

といったネガティブな言葉ばかり使っていると、自分では気づかないうちに、心から元気が奪われていきます。

そのために、ちょっとしたことで心がくじけて立ち直れなくなってしまうことがあるので、注意しておく必要があります。

POINT

「ネガティブな言葉」ばかり使っていると、くじけやすくなる。

6

「どうして失敗したのか」を常に考える

失敗することは、必ずしも「まったく無意味なこと」ではありません。

むしろ、見方をちょっと変えれば、ポジティブな意味を見出すこともできます。

たとえば、「失敗から学ぶ」こともその一つです。

何かで失敗した時、人はつい、「どうして私はダメなんだろう。これで私の評判はガタ落ちだ」などと考え、落ち込んでしまいがちです。

しかし、そこで落ち込んでばかりいるのではなく、「今回は、どうして失敗してしまったのだろう」と考えてみるのです。

そうすれば、いろいろな教訓が得られます。

そして、その教訓を「次のチャンス」に生かすことができるのです。

「失敗から教訓を学び取る」という意識を持つことができれば、「失敗することによって、私は賢くなる」と考えるようになります。

失敗することによって、「私はダメになる」どころか、「私は伸びていく」と考えるようになるのです。

そう考えれば、ちょっとした失敗によって、心がくじけてしまうことなどなくなるでしょう。

ネガティブな感情に惑わされることなく、あくまでも理性的に「どうして失敗したのか」ということを考えていく習慣を持つことが、「くじけない心」をつくっていくうえで大切なのです。

POINT

失敗から多くの教訓を学び取っていく習慣を持つ。

7 「ありがとう」を言うと心が安心する

「ありがとう」という感謝の言葉をたくさん使うことも、「くじけない心」をつくっていくための、とても有効な方法の一つになります。

誰かに「ありがとう」と感謝すると、自分自身の気持ちがとても明るくなることに気づくものです。

「ありがとう」という言葉には、プラスのエネルギーが存在しています。

「ありがとう」という言葉を口にすると、自分自身の心がプラスのエネルギーに満たされていきます。

したがって、「ありがとう」という言葉を言えば言うほど、自分の心はますます元気になっていくのです。

そして、心が元気になった分、ちょっとしたことではくじけないようになっています。

また、「ありがとう」という言葉をたくさん使うと、「私はたくさんの人に支えられながら生きている」ということが実感できるようになります。

それは、とても心強い感情なのです。

もし何か辛い出来事があっても、「私には、支えてくれる人がたくさんいるからだいじょうぶだ」という気持ちになれます。

その安心感によって、くじけることなく、その辛いことを乗り越えていけるのです。

ですから、できるだけ多く、「ありがとう」という言葉を使うほうがいいのです。

好きな人はもちろん、苦手な人、性格が合わない人にも、「ありがとう」と言うように心がけるのがいいのです。

そして、どんなささいなことにも、「ありがとう」と言うように心がけるのがいいでしょう。それが、「くじけない心」を養ってくれます。

POINT

苦手な人にも、性格が合わない人にも、感謝する。

8 マインドフルネスで心を整える時間を持つ

「マインドフルネス」は、「くじけない心」を養うためにとても役立ちます。

「マインドフルネス」では、「瞑想《めいそう》」を行います。

静かな場所で、気持ちを静めます。

そして、ゆっくりと呼吸することを心がけます。

この時、意識を呼吸にだけ集中します。

そして、心を「無の状態」にしていくのです。

そうすることで、余計な雑念が取り払われて、気持ちが落ち着き始めます。

「マインドフルネス」を日々の習慣にすると、マインドフルネスを行っている時ばかりではなく、日常生活全般を落ち着いた気持ちで過ごすことができるようになります。

何かトラブルが生じたり、困った問題が起こったりしたとしても、「イヤだ」といった感情に振り回されることなく、落ち着いて事務的に対処できるようになるのです。

そこで、気持ちがくじけてしまうことはありません。

マインドフルネスを習慣にすることは、とても有効なのです。

瞑想している時間は、一日当たり5〜10分程度でも十分効果があると言われています。

ですから、忙しい人であっても、朝、目が覚めた時や夜寝る前などのちょっとした時間を使うだけでできます。

また、自宅でなくても、公園のベンチや、電車の座席などで、瞑想することもできます。

いつでも、どこでも、「マインドフルネス」で心を整えることができるのです。

POINT

一日5〜10分、心静かに瞑想する。

ハハハ

第8章

「立ち直る力」を身につける

1

「立ち直った経験」を思い出して自信を取り戻す

心理学に「レジリエンス」という言葉があります。

「復元力。回復力。はね返す力」といった意味です。

心がくじけてしまいそうな辛い出来事を経験したとしても、それに負けずに元気を取り戻し、以前の通り、あるいは以前にも増して活動的に生きていく力、「くじけない力」と言ってもいいでしょう。

このレジリエンスを強めていくことが、「くじけない人」になるための大切な要素です。

このレジリエンスを強める方法の一つに「過去、辛いことから立ち直った時の経験を思い出す」というものがあります。

たとえば、

「学生の頃、好きな人にフラれる経験をしたが、立ち直って、新しい恋人を見つけることができた」

「新入社員の頃、失敗をして上司から叱られて落ち込んだことがある。しかし、その後、がんばって、上司から認められた」

「昔、重い病気をしたことがあるが、がんばって療養し、今では元気を取り戻している」

といった経験です。

このような経験を思い出すことで、がんばれた自分を思い出すことになり、自信が生まれ、

「今もまた辛い状況にあるけれど、今度も、どうにかなるだろう。私にはここから抜け出す力がある」

と考えられるようになるのです。

つまり、くじけることなく、立ち直ることができるのです。

POINT

過去の自分のがんばりに自信を取り戻す。

2

他人ががんばった話を聞く

心理学で言う「レジリエンス」、つまり「くじけない力」を得るために「他人の経験を参考にする」という方法があります。

今、自分がお世話になっている上司、あるいは尊敬する人、また、恩人と呼べるような相手から話を聞くのです。

あるいは、親友や親、兄弟姉妹、祖父母から話を聞いたり、著名人の伝記を読んでみたりするのもいいでしょう。

誰でも、「過去に辛い経験をしたが、どうにかそこから立ち直った」という経験が一つか二つはあるものです。

そのような話を聞いてみるのです。

他人のそのような経験を聞くだけでも、「私も今、辛い状況にあるが、負けずにがんばろう」という気持ちになります。

ある男性の祖父は、子供の頃、戦争を経験しています。

戦争時の辛い日々を耐え抜いて、戦後は自分で事業を興して成功しました。

その男性は、自分が辛い状況にある時は、祖父の話を聞きにいくそうです。

戦争を体験し、戦後の苦しい中、実業家として成功した祖父の話を聞いていると、勇気をもらえると言います。

「祖父の経験した辛い状況に比べれば、自分が今経験していることなど大したことはない。どうにかなる」という気持ちになると言うのです。

この男性にとっては、「祖父の話」が立ち直るきっかけを与えてくれているのです。

POINT

他人のがんばりを聞いて、刺激と勇気をもらう。

3 自信を持つことが「くじけない力」をつくる

「運命」「交響曲第九番」などを作曲したドイツの作曲家、ベートーヴェンは、「すぐれた人間の大きな特徴は、不幸で、苦しい境遇にじっと耐え忍ぶことである」と述べました。

実は、ベートーヴェンの人生は、この言葉にある通り「不幸で、苦しい境遇」だったのです。

ベートーヴェンは、二十代後半から耳が聞こえづらくなって、四十代には完全に耳が聞こえなくなりました。

作曲家にとって非常に「不幸で、苦しい境遇」だったのです。

ほかにも、原因不明の腹痛など、健康面で悩まされることも多かったといいます。

また、心から愛した女性とも結ばれることはなく、生涯独身で通しました。恋愛面においても、「不幸で、苦しい境遇」だったのです。

しかし、それにもかかわらず、彼はくじけることなく、名曲を作り続けることができました。

それはなぜかと言えば、「自分はすぐれた人間だ。天才的な作曲家だ」という強い自信が、彼にあったからではないかと思います。

その自信が心の支えになっていたのです。

この言葉にある「すぐれた人間の大きな特徴は～」というのは、まさに自分自身のことについて述べていると考えられます。

自分自身に、あるいは自分自身の仕事や使命に自信を持つことが、「くじけない力」をつくり出すのです。

POINT
「大きな自信」を持って生きていく。

4 「自分は自分だ」という自信と誇りを持つ

心理学に、「自尊感情《じそんかんじょう》」という言葉があります。

「自分自身を尊重する感情」のことです。

わかりやすく言えば、「自分自身への誇り」と言ってもいいでしょう。

この「自分への誇り」を持つということも、「くじけない力」を養っていくための大切な要素の一つになります。

自分への誇りを持ちながら生きている人は、多少のことではくじけません。

自分への誇りを心の支えとして、苦しい状況をもちこたえることができるのです。

しかし、自分への誇りを持てない人は、簡単に「もうダメだ」とネを上げてしまいがちです。

「私には、これといった能力も才能もない。そんな自分の誇りなんて持てない」と言う人もいるかもしれません。

そんな人には、次の言葉を紹介しましょう。

実業家の松下幸之助は、「自分は自分である。何億の人間がいても自分は自分である。そこに自分への自信があり、誇りがある」と述べました。

自分という個性を持った人間は、他に誰もいません。

才能や能力がなくてもいいのです。

「自分は自分」なのです。

そんな自分にしかできないことがあるはずです。それを「自信と誇り」にして生きていけばいいのです。

それだけでも、「くじけない力」が養われます。

POINT
「自信と誇り」が「くじけない力」を養う。

5 「ほめノート」をつくって「くじけない力」を強くする

「自分をほめる」ことも「くじけない力」を強めることに役立ちます。

「自分をほめる」ことを習慣化する方法の一つに、「ほめノート」をつくるというものがあります。

どんなことでもいいのです。

「今日はよくがんばった。これだけ、がんばることができる私はすごい」

「今日は人に親切なことをした。人を思いやることができる私はえらい」

「今日、面白いアイディアを思いついた。私は天才的な発想の持ち主だ」

など、自分ががんばったこと、よくできたことをノートに書き出すのです。

心の中で自分をほめるというのでもいいのですが、文字にして書き出すことで、「私は強い」「私は逞《たくま》しい人間だ」という信念が一層強まっていくのです。

「一日一善」という言葉があります。

「一日、一つは良いことをする」という意味を表しますが、その言葉を真似して言えば、「一日一ほめ」です。

ノートに書き出すことによって、この「一日、一度は自分をほめる」ということを実践していくのです。

そのようにして日々自分をほめる習慣を持つことで、自分への自信がついてきます。

強い自信がある人は、少々のことで気持ちがくじけてしまうことはありません。

困った状況に見舞われたとしても、「私はこんなことに負けてしまうことはない」と、強い気持ちで立ち向かっていくことができます。

POINT

文字にして、自分をほめる習慣を持つ。

6

気分転換して、心と体に新鮮なエネルギーを補《おぎな》う

「気分転換する」ことも、「くじけない力」を強めることに役立ちます。

「どうしても、この辛い状況から抜け出せない」という時があります。

そのような時は、悩み続けると、ますます気分が落ち込んでいくばかりです。

したがって、思い切って気分転換するほうが得策です。

心理学に「ストレッサー」という言葉があります。

「ストレスの原因になるもの」を意味する言葉です。

それは、仕事であるかもしれませんし、人間関係であるかもしれません。

いずれにしても、気分転換をはかる時には、そのストレッサーから離れることが大切です。

仕事で失敗して落ち込んでいる時は、とりあえず仕事から離れます。

もちろん勤務時間は仕事から離れられないと思いますが、休日には仕事から完全に離れるほうがいいでしょう。

また、仕事で悩ましい問題がある時は、できる限りその仕事を自宅に持ち帰らないことが大切です。

そして、心も体も完全に仕事から切り離して、大いに気分転換するのです。

山や海など、自然豊かなところに出かけたり、仕事とは関係のない友人に会って、楽しい時間を過ごしたりするのもいいでしょう。

十分に気分転換することで、心と体に強いエネルギーが蘇《よみがえ》ります。

そうすると、新鮮な気持ちで仕事に立ち向かっていけます。

心と体に強いエネルギーがみなぎっているので、くじけることなく問題を乗り越えていけるのです。

POINT

「ストレッサー」から離れて、大いに気分転換する。

7 「空気と光」「友だちの愛」を心の栄養にする

ドイツの文学者であるゲーテは、「空気と光と、そして友だちの愛、これだけが残っていれば、気を落とすことはない」と述べました。

この言葉は、「気分転換する機会を持つことの大切さ」について語られているように思います。

この言葉にある「空気と光」とは、「美しい自然」を指しています。

きれいな空気が流れ、明るい光にあふれている自然です。

時には、そのような美しい自然を思う存分に楽しむ機会を持つのです。

そうすることで、気持ちがリフレッシュします。

現在、困った状況にあるとしても、「気合いを入れ直して、がんばろう」という闘《とう》志《し》が湧いてきます。

ですから、このように美しい自然に接する習慣がある人は、ゲーテの言葉にある通り、「気を落とすことはない」のです。

また、「友だちの愛」も、いい気分転換になります。

気の置けない友人に会って楽しい時間を過ごすことで、心の中に溜まっていたストレスがきれいさっぱり洗い流されます。

気持ちが軽くなって、「難しい問題があるのは事実だが、まあ、どうにかなるだろう」と楽天的な気持ちになります。

これもまた、「気を落とすことはない」ための方法の一つなのです。

したがって、時々、美しい自然に接したり、親しい友人に会って楽しい一時を過ごしたりすることを習慣にするのがいいでしょう。

それが、「くじけない力」を養う習慣にもなります。

POINT

時々、美しい自然に接したり、親しい友人に会ったりする。

8

「人生は思うようにならないもの」と開き直ってしまう

どうしようもない状況に直面した時は、上手に開き直ることも、「くじけない力」をつくる方法になります。

逆境に対して落ち込んだり、焦ったりするのではなく、

「何事も、思うようにならないのが当たり前だ。思うようになることなんて、滅多にない。奇跡のようなものだ。人がやることは、そのほとんどが思うようにならない。だから、落ち込んだり、焦ったりすることはない」

と開き直ってしまうのです。

このように上手に開き直ることで、気持ちが冷静になります。

ネガティブな感情に振り回されることなく、落ち着いて物事を考えることができる

ようになります。

そして、冷静に、落ち着いて物事を考えるほうが、その思うようにならない事態をスムーズに打開していくことができるのです。

書家であり、陶芸家でもあった北大路魯山人《きたおうじろさんじん》は、「飯《めし》さえ、炊《た》く度に硬くなったり、軟《やわ》らかくなったり、思うようにならない。ましてや人生は、思うようにならないことばかりだ（意訳）」と述べました。

昔は火でご飯を炊いていましたから、確かに「思うように炊けない」ことも多かったのでしょう。

この言葉も、「人生はしょせん『思うようにならないこと』ばかりなのだから、それを当たり前のこととして平常心で受け入れていくほうが、落ち着いた気持ちで生きていける」ということを示しているのです。

そして、それが「くじけない力」を養うためのコツになります。

POINT

いい意味で開き直ったほうが、冷静でいられる。

9

全力を出し切り「充実感」を味わう

どんなにがんばっても、人は自分ができることしかできません。

能力には限界があります。

そうならば、自分ができることをしっかりとやって、「あとは野となれ山となれ」という気持ちで開き直ってしまうのも、「くじけない」コツの一つです。

「私は、できることは、しっかりやった」という充実感があれば、もし結果が良くなかったとしても、さっぱり「しょうがない」とあきらめることができます。

いい意味で開き直って、「この件はもう終わったことだ。次のチャンスに、また全力を尽くしてがんばろう」と、上手に気持ちを切り替えていくことができます。

問題なのは、「自分ができることを、やっていなかった」という場合です。

こういうケースで、失敗してしまうと、「どうして、できることを十分にしなかったのだろう」という悔いが残ります。

この後悔の感情が残ると、いい意味で開き直ることができなくなります。

いつまでも、「どうして、あの時、私が持っている実力をすべて出し切らなかったのか」ということをウジウジ考え込むことになりがちです。

そして、どんどん気持ちがくじけていってしまうのです。

そうならないためには、とにかく、一つひとつのことに自分の持っている力をすべて出し切っていくことです。

そうすれば、うまくいかなくても、上手に開き直れます。

くじけずに、前に進んでいけます。

POINT

一つひとつのことに、全力を出し切っていく。

今日も結構
楽しいことあったな

第9章

「今」に集中して自分を生きる

1 うまくいっても、いかなくても、平常心でいる

「気持ちがくじけやすい人」の特徴の一つに、「感情の起伏が激しい」というものがあります。

物事がうまくいっている時は、はしゃぎまわります。

調子に乗って、余計なことをしてしまうこともよくあります。

しかし、その反動で、物事がうまくいかなくなると、一気に落ち込んでしまいます。

気持ちがくじけてしまって、立ち直れない状態になってしまうのです。

そういう意味では、「感情の起伏を少なくして、平常心を保っていく」ということが「くじけない心」を養うコツになります。

うまくいっても、浮かれることなく、淡々とするのです。

うまくいかなくても、淡々と対処していきます。

どのような状況になろうとも、淡々と平常心でいるように心がけるのです。

江戸時代初期の剣術家で、徳川将軍家の兵法指南役になった柳生宗矩《やぎゅうむねのり》は、「平常心をもって一切の事をなす人、これを名人というなり」と述べました。

「うまくいっても、うまくいかなくても、すべてのことに平常心で臨《のぞ》める人こそ、名人だ」という意味です。

この「名人」という言葉は、「どんなことにもくじけない偉大な人」という意味に理解できます。

「平常心の人」＝「くじけない人」ということです。

POINT

感情の起伏を、できるだけ小さくする。

2

「将来への不安」と「過去への不安」を同時に断ち切る

禅の言葉に、「前後際断《ぜんごさいだん》」というものがあります。

「前」には、「将来の不安」という意味が含まれています。

「うまくいかなかったら、どうしよう。上司から怒られるだろう。取引先から文句を言われるだろう」などと、あれこれ心配することです。

そのような心配が生じると、今やるべきことに集中できなくなって、気持ちがくじけてしまうことになりやすいのです。

「後」には、「過去の失敗」という意味が含まれています。

過去の失敗が思い出されて、今やるべきことに集中できなくなるのです。

「あの時の失敗を二度と繰り返したくはない。しかし、また同じような失敗を繰り返してしまうことになるのではないか」という不安から、心が乱れて、集中力を失ってしまうのです。

これも、気持ちがくじけてしまう大きな原因になります。

「際断」は、「断ち切る」という意味です。

つまり、「将来的に失敗するのではないかという不安や過去の失敗を繰り返してしまうのではないかという不安を断ち切る」ということを意味しているのです。

それでこそ、今やるべきことに集中できる、ということです。

将来のことを考えず、過去のことを思わず、ただひたすら今に集中していくことが、もっとも良い結果をもたらすことになるのです。

そして、それが「くじけない心」を養う方法の一つでもある、ということです。

POINT

将来のこと、過去のことに気を取られず、今に集中する。

3 与えられている条件や環境を受け入れてみる

「十分な予算もない。スタッフもそろっていない。こんな環境では、仕事がうまくいくはずがない」などと、満足できる現状でないことからやる気をなくしてしまう人がいます。

自分が望む条件が受け入れられないと、そこで気持ちがくじけてしまうのです。

とは言っても、どのような仕事であれ、また、どのような会社であれ、自分が望む条件がすべて100パーセント受け入れられるということは、まずないでしょう。

人は、多かれ少なかれ、「不十分な環境」の中で一生懸命に働いているのです。

そういう意味では、「今自分に与えられている条件、環境の中で、自分のできることに全力を尽くす」という心の習慣を持つことが、「くじけない生き方」につながっていくのです。

「こんな安い給料では、やる気が出ない」と言う人もいます。

「福利厚生制度が整っていない、こんな零細企業で仕事するなんて、気持ちがくじけてしまう」

「都会の本社で働くのはいいけれど、地方の営業所の勤務では、仕事への意欲が出ない」などと言う人もいます。

しかし、そんな不満を数え出したらキリがありません。

気持ちがくじけていくばかりで、いつまでも意欲的に仕事に立ち向かってはいけないでしょう。

まずは今、自分に与えられている条件や環境を受け入れて、その中でベストを尽くす。その結果として、条件や環境を少しずつ改善していくように心がけていけばいいのです。

それが、「くじけない生き方」につながります。

POINT
与えられている条件や環境の中で、がんばる。

4

自分と他人を比較しない

自分と他人を比較しては、落ち込んでしまう人がいます。

「あの人は輝かしい才能があるが、私にはこれといった才能がない」
「あの人は上司から期待されているが、上司は私のことなど何も期待していない」
「あの人は優秀な学歴の持ち主だが、私の学歴は大したことない」

といったようにです。

そして、「私がいくらがんばっても、あの人に敵《かな》うわけがない」と感じ、気持ちがくじけてしまうのです。

このような「比較グセ」がある人は、一般的に、心理学で言う「自己肯定感」が低い人が多いようです。

自己肯定感とは、「自分は、かけがえのない、すばらしい個性を持っている」と信じることができる心理傾向を言います。

わかりやすく言うと、「自分に自信がある」状態です。

自己肯定感が高い人は、無暗《むやみ》に自分と他人を比べて劣等感に苦しむことはありません。自分の得意分野を持っているからです。

他人の存在に振り回されることなく、しっかりと自分のやるべきことを見つけて、自分のペースで物事を進めていくことができます。

自己肯定感をどうしたら高められるかというと、一つは「自分ならではの得意分野をつくる」ことです。

「この分野では、私はすぐれた能力を発揮できる」というものがあれば、それだけで自信を持つことができ、自分と他人を比較して落ち込むこともなくなります。

POINT

自分だけの得意分野を一つ持つ。

5 「自分の得意分野」を生かす方法を見つける

「運動なら、僕は誰にも負けない」という自信がある子供は、たとえ、他の子供と比べて自分が勉強ができなくても、あまり気にしません。

得意分野である運動の能力を伸ばしていくことに夢中になるからです。

一方で、「勉強なら、私は誰にも負けない」という自信がある子供は、たとえ、他の子供と比べて運動能力が劣っていても、やはり、あまり気にしないものです。

得意分野である勉強の成績をさらに一層伸ばしていくことに一生懸命になります。

このように、人は、何か一つ自分ならではの得意分野を持っていると、自分と他人を比べて劣等感に苦しむということはないのです。

大人も同じです。

「交渉なら、私に任せてほしい」
「画期的な発想が必要となる分野は、私の得意分野だ」
「人脈の広さでは、私の右に出る人はいない」
といったように「自分ならではの得意分野」がある人は、たとえ自分に周りの人と比べて劣っている部分があったとしても、あまり気にしないのです。

自分の劣っている部分で他の人たちに遅れを取ることがあっても、そこで気持ちがくじけてしまうことなく、いい意味で開き直って、「私は自分の得意な分野でがんばればいい」と考えることができるのです。

そういう意味で、自分の得意分野をつくることはとても大切なのです。

「何一つ得意なものなどない」という人はいないでしょう。探せば、得意なものは必ず見つかります。それを生かしていけばいいのです。

POINT

劣っている部分を気にするより、得意な分野を伸ばす。

6 「他人を羨《うらや》む生き方」は心がくじける原因になる

書家であり、詩人だった相田みつをの詩に、次のようなものがあります。

「トマトがねぇ　トマトのままでいればほんものなんだよ
トマトをメロンにみせようとするからにせものになるんだよ
みんなそれぞれにほんものなのに　骨を折ってにせものになりたがる」
（相田みつを『育てたように子は育つ　相田みつを　いのちのことば』）

この言葉にあるのは、人の生き方についての教えです。「トマト」も「メロン」も「人」を表しているのです。

つまり、「トマトがねぇ　トマトのままでいればほんものなんだよ」を言い換えれば、

「自分は、自分のままで生きていけばいい。それは本物なのだ」ということでしょう。「本物」とは、「それが自分本来の生き方だ」ということです。

しかし、人は時に、他人を羨んで、「あの人の真似をしたい」と思います。そういう気持ちを、相田みつをは、「トマトをメロンにみせようとする」という言葉で表現しているのです。

「にせもの」とは、「それは、自分本来の生き方ではない」ということです。

そして、「みんなそれぞれにほんものなのに　骨を折ってにせものになりたがる」とは、「自分本来の生き方があるというのに、残念ながら、他人を羨んで、苦労して他人の生き方を真似しようとしている人がいる」ということを述べているのです。

しかしながら、そのような「他人を真似する生き方」は長続きしないのです。どこかで、気持ちがくじけてしまいます。

人にとっていちばん良い生き方は、他人の生き方を参考にしたとしても、あくまでも「自分らしく、自分本来の生き方をしていく」ということなのです。

POINT

人は自分らしく、自分本来の生き方をするほうがいい。

7

自分の中の「主人公」に向かって語りかけてみる

禅の言葉に、「主人公」という言葉があります。

この言葉には、次のようなエピソードが伝わっています。

昔、中国のある禅僧は、自分で自分に「主人公」と呼びかけていたそうです。

ある日、この禅僧は、「おい、主人公よ。はっきりと目を覚まして、自分本来の正しい生き方を見つめて生きているか」と自分に語りかけ、自ら「はい」と答えていた、といいます。

また、ある日、この禅僧は、「おい、主人公よ。他人に振り回されることなく、自分本来の正しい生き方を貫いているか」と自分に語りかけ、自ら「はい」と答えていた、といいます。

この「主人公」という言葉は、一般的な会話でもよく使います。「ドラマの主人公」「小説の主人公」といったようにです。

禅の言葉である「主人公」は、まったく意味が違います。

この「主人公」には「本来の自分」という意味があります。

禅には、自分の中に「主人公」と呼ばれる「本来の自分」が存在している、という考え方があります。

ところが、多くの人は、他人に振り回されたり、他人を羨《うらや》んだりする気持ちから、往々にして、「本来の自分」「本来の自分の生き方」を見失いがちです。

「本来の自分」を見失うと、人生の途中で心がくじけてしまうことになるのです。

ですから、いつも「自分の本来の生き方を見失わずに生きているか」と、自分に問いかけ、自分を確認するのです。

POINT

「本来の自分の生き方」を見失わない。

8

「期待はするが、ほどほどに」を意識する

「がんばったらがんばった分、見返りがほしい」と思うのが、人の自然な感情でしょう。

また、そんな「見返り」を期待して、一生懸命にがんばっていく、という面もあるでしょう。

しかし、欲ばって、あまりに多くの見返りを求めないほうが賢明です。

期待していた見返りが得られなかった時、そこで気持ちがくじけてしまうことになりがちだからです。

ボーナスがたくさん出ることを大いに期待して、がんばって仕事をしていた女性がいます。

がんばった分、期待に大きく胸をふくらませ、ボーナス支給日を迎えました。

しかし、実際には、期待していたほどのボーナスは出ませんでした。

その女性は、ガクッときて、すっかりくじけてしまいました。

仕事への意欲も失ってしまいます。

期待はもちろん大事です。

でも、欲ばりすぎるのはダメです。

あまり欲ばりにならず、ほどほどのことを期待しながら生きていくことです。

そのほうが、自分がやるべきことを、淡々と進めていくことができます。

もし期待していたほどの見返りを得られなかったとしても、そこでくじけてしまうことなく、「そう気にすることはない。また、がんばっていこう」と、上手に気持ちを切り替えることです。

つまり、「期待はするが、ほどほどにする」ということを心がけていくことが大切です。

POINT

欲ばりすぎると、気持ちがくじけてしまう原因になる。

9

「無《む》功《く》徳《どく》」を意識して日々を過ごす

禅の言葉に、「無功徳」というものがあります。

この言葉には、次のようなエピソードがあります。

6世紀の中国に梁《りょう》という国がありました。

この国の初代皇帝は、武帝《ぶてい》と言いました。

この武帝は、仏教への信仰がとても篤《あつ》い人でした。

そして、国にもっと仏教の教えを広めたいと思い、当時インドで有名な禅僧だった達磨大師《だるまたいし》を自分の国に招《まね》きました。

そして、梁の国に到着した達磨大師に、武帝は次のように言いました。

「私はこれまで仏教のために大いに貢献してきました。お寺も建てました。お布施もたくさんしてきました。そんな私には、どんな見返りがありますか？」

それに対して達磨大師は、ただ一言、「無功徳」と答えました。この「無功徳」には、「見返りなんてない」という意味があります。

つまり、達磨大師は、「見返りなど求めず、純粋な気持ちで仏教を信仰していくこと自体に、幸せを感じるようにすることが大切だ。見返りなんて求めていたら、どこかで気持ちがくじけて、仏教への信仰を失ってしまうだろう」と述べたのです。

この話は、ビジネスパーソンの方にも参考になるでしょう。

つまり、まったく見返りを求めずに働いていくことはできないにしても、「見返りを楽しみにして働く」のではなく、「働くこと自体を楽しんでいく」という意識を持つことが大切だ、ということです。

それが「くじけない心をつくるコツ」になります。

POINT

「働くこと自体を楽しむ」という意識を持つ。

あとがきに代えて

本書では、くじけない心をつくるためのあらゆる方法をご紹介してきました。
最後に、私自身の体験談をお話しさせていただきます。
私が人生の中で、最も心がくじけたのは、大学を卒業し、就職した時のことでした。
くじけた理由としては、大きく次の三つがありました。

1　地方配属となったこと
入社するなり地方配属となったので、両親とも、友人たちとも離ればなれになってしまったことで、孤独になり、すっかり心がくじけてしまいました。

しかし、「このままではいけない」と発想を変え、「この地域は都会と違って、山や川、海、など自然がたくさんあるし、空気がいい。休日は自然と接するようにしよう」と考え、実践した結果、元気が出てきて、毎日が明るく楽しくなってきたのです。

2　肉体労働ばかりだったこと
入社したばかりの頃は、ほぼ毎日、重いダンボールを運ぶ仕事をしていたため、「なんで、こんな仕事をしなくてはならないのか」と大変、苦痛を感じていました。

しかし、「荷物運びは辛いけれど、トレーニングと考えよう。お金をいただいて体の鍛錬ができる。ありがたいことだ」と考えを変えたところ、急に気合いが入り、苦痛が癒え、とても気が楽になったのです。

3　人間関係で悩んだこと

仕事ですから、年齢や学歴、職歴、出身地、趣味、価値観などが全く違う人や、嫌な人、相性が合わない人たちと接することも少なくなく、どうしたらうまく付き合えるのか大変悩みました。

しかし、「この仕事は、人間修養にもってこいだ。この中でうまくやっていければ、自信がつき、将来どんな人とでもうまくやっていけるようになるだろう」と考えたところ、人間関係が、苦痛から快適に変わったのです。


このように発想を変えたことで、苦が楽になり、その結果、辞職を思いとどまることができたのです。

「起こることすべてよし、何事にも感謝」

この精神があれば、どんなことに対してもくじけることはないのです。

参考文献

・『パーリ語辞典』水野弘元　春秋社
・『育てたように子は育つ　相田みつを　いのちのことば』佐々木正美　小学館
・安延山 承福禅寺サイト　http://jyofukuji.com/
・日本の禅 臨済宗・黄檗宗の公式サイト 臨黄ネット　http://www.rinnou.net/
・福娘童話集サイト　http://hukumusume.com/douwa/
・医療法人社団 平成医会　https://heisei-ikai.or.jp/column/exercise-mental-health/

著者紹介

植西聰（うえにし・あきら）

著述家。東京都出身。学習院高等科・同大学卒業後、資生堂に勤務。独立後、人生論の研究に従事する。独自の「成心学」理論を確立し、心を元気づける著述活動を開始。1995年、産業カウンセラー（労働大臣認定資格）を取得。
ベストセラー『「折れない心」をつくるたった1つの習慣』（青春出版社）、『あなたはゼッタイ大丈夫 ～愛されネコが知っているＨＡＰＰＹにゃルール～』『心に刻みたい賢人の言葉』『悩みごとの 9割は捨てられる―仕事、人生、人間関係がうまくいくコツ』（以上、あさ出版）ほか、著書多数。

くじけない心《こころ》のつくりかた 〈検印省略〉

2023年 7 月 29 日 第 1 刷発行

著 者――植西 聰（うえにし・あきら）
発行者――田賀井 弘毅

発行所――株式会社あさ出版
〒171-0022 東京都豊島区南池袋 2-9-9 第一池袋ホワイトビル 6F
電 話 03 (3983) 3225 (販売)
03 (3983) 3227 (編集)
F A X 03 (3983) 3226
U R L http://www.asa21.com/
E-mail info@asa21.com
印刷・製本 神谷印刷 (株)

note http://note.com/asapublishing/
facebook http://www.facebook.com/asapublishing
twitter http://twitter.com/asapublishing

ISBN978-4-86667-632-6 C0030